林準祥　編著

Otto C. C. Lam

Beyond Black & White ·
Old Hong Kong in Colour

黑白以外
繽紛歲月

中華書局

增訂中文版序

香港於上世紀五六十年代，正是黑白和彩色影像的分水嶺。從飛機翼下看香港，香港是多彩多姿。從高樓大廈看香港，香港是有聲有色。從十字街頭看香港，香港是千奇百怪，五花八門！從旅客的鏡頭看香港，光影黑白以外，香港是色彩繽紛、中西融合的福地。

本書源於 2018 年 2 月初版的《黑白以外：五六十年代香港彩色快拍》彩色圖冊，因市場反應良好，於同年 11 月以英文精裝，增強圖文內容特大版本刊印。至於原本的中文版，因應市場不斷的需求，亦於翌年重印。今年年初，出版社再次要求重印中文版。經過考慮後，本人希望重印有更新的內容和版面。鑒於英文版本是從中文初版中增添了 120 多張全新的照片刊製，其中包括早於 1948 年夏天在華南地區和香港旅程所拍攝的極之罕見彩色照片，還有天主堂 1950 年代的影像，相信是該教堂現存最早的彩色圖片集。為了增強內容，中文版的再次重印，決定以英文的增訂版本為依據，再加添了不少早期香港彩色圖片，並盡量保留中文初版節錄的文字內容。為配合分別於 2019 年和 2021 年出版的兩部香港百年歷史黑白照片圖冊，增訂版決定採用相同的格式和裝幀，以全新面貌介紹給讀者，並必成為香港歷史圖片冊的珍藏本。

林準祥

2021 年 10 月 21 日香港

目錄

自法國傳教士儒勒·阿爾方斯·尤金（Jules Alphonse Eugene Itier）於 1844 年在澳門拍攝最早的黑白照片後，彩色影像的拍攝，在一個世紀後才出現於中國。商業用彩色膠片在市場出現之前，彩色攝影僅限於研發和實驗室測試的階段，直至 1930 年代德國的愛克發（Agfa）和美國的伊士曼柯達（Eastman Kodak）的突破，彩色膠卷才開始應用。但在實際使用上，在二戰前並不普遍，原因是彩色膠卷的成本、拍攝後的沖製費用和所需的時間，都比黑白膠卷昂貴和周章。故黑白攝影在香港的專業和業餘愛好者中，一直佔了主導地位。到了二戰後的 1948 年至 1950 年代，鑒於韓戰，駐港的聯軍司令偶爾引領美國士兵和記者帶着他們的柯達彩色膠卷（Kodachrome）來到東亞地區。其中一位為英國廣播公司 BBC 工作的美國人所拍攝的彩色膠卷，正是他從日本和韓國經過香港到達廣州，沿途所拍攝的一系列香港和華南地區的早期彩色影像。他的華南之旅，始於九廣鐵路（KCR），從九龍尖沙咀總站到華界的南崗站。他透過九廣鐵路列車的車窗拍了的照片，展示了大埔滘，從粉嶺至上水的農田和稻田。這位美國攝影師似乎很享受他在九廣鐵路華段的火車之旅。照片顯示他經過大盛村車站，在那裏他拍攝了一個牧馬農場，背景是蓮花山的寶塔。看來他是在南崗附近的一個小火車站下車，再乘房車越野到達廣州市。鏡頭出現廣州市的舊越秀公園和市內的一些小鎮影像。中山紀念堂的彩色影像，是他結束在華南的短暫停留後，前往廣州機場的路途中拍攝，是中山紀念堂現存最早的彩色影像。這些華南地區的照片，相信是 1949 年 10 月廣州解放前，唯一倖存的彩色照片記錄。

其中一組航拍照片，顯示了美國攝影師從廣州飛往香港時乘坐中國航空公司（CNAC）的德格拉斯（Douglas）DC-3 飛機。他通過右側後座（可能是最後一個或第七個靠窗的座位）的窗口拍下了這些照片。照片展示了飛機飛離廣州，並沿着蜿蜒的河流（赤崗附近的主要珠江河道），赤崗寶塔高聳於稻田之上……飛機隨後轉向東莞，飛越珠江三角洲。在仙村、中堂和海心洲地區的航拍照片顯示出蜿蜒的河流。然後抵達香港地區時，在昂船洲上空於降落九龍啟德機場前的照片。該系列早期的香港影像，主要部分包括於 1948 年炎夏時在香港主要旅遊景點拍攝的彩色圖像：天星小輪從尖沙咀的九廣鐵路火車總站的碼頭，穿過維多利亞港前往中環；港口中的中國帆船；停泊在中環海傍帝國大廈附近的船隻；在干諾道海傍以竹製漁網打魚的居民；滙豐銀行大樓；在皇家海軍船塢附近一邊吃甘蔗一邊大聲說話的婦女；維多利亞港的景色；從山頂上看到的海港；山頂觀景台咖啡廳（Peak Cafe）內部早期全景；還有戰後虎豹別墅的照片：包括一些新豎立的彩瓷燒製的浮雕圓柱和一座掛上中華民國國徽的寶塔。美國攝影師結束了華南和香港的旅程後，便飛往馬尼拉。他帶同以柯達彩色膠卷拍攝的香港和華南的早期影像回到美國，一直私人收藏了七十多年，最近才浮現出來，為香港新一代人提供珍貴的彩色歷史圖像。

1.01 & 1.02

一列英國陸軍部型號 2-8-0 用於客運列車服務的 22 號蒸汽火車頭，
曾於 1947 年被九廣鐵路局從倫敦購入。這兩張照片拍攝於 1955
年，顯示九廣鐵路英段於 1948 年夏天是使用同類型的機車。

1.03

從火車窗外看到的大埔滘。1948 年夏天。

1.05

一名農夫正在水稻田上耕作的情景，拍攝於粉嶺
和上水火車站之間的農田。1948 年夏天。

1.06

火車沿途經過上水粉嶺一帶的農村，遠望可見出殯的隊伍，由四名苦力擔抬棺木帶領着。1948年仲夏日。

1.07

一家人在上水的農地附近幫忙種稻。隨着一
排排的植苗,這群農民慢慢地在稻田裏移
動。1948 年夏天。

1.09

「在車站停留期間，人群高舉着誘人的水果托盤、烤鴨和水煮鴨蛋等食物，在火車旁邊兜售。許多乞丐哭着喊求施捨。當我們的列車離開這個車站時，一位老人跌倒在軌道上，並被輾斃。」1948 年夏天。

1.10

一輛卡車裝滿的穀物輕微裂開，這些孩子們瘋狂地爭相撿拾地上的穀子。中國廣州，1948 年夏天。

1.11

駕車從南崗開往廣州，攝影師遇見了當時南方的
農家車。1948 年夏天。

1.12

在順德及周邊地區的許多男女，都穿着圖中光滑的黑色油布套裝 —— 香雲紗。照片中穿白衣的男子，可能是火車站的工作人員，正向攝影師揮手示意，表示不要拍照。留意火車站外牆刷掉的宣傳文字，相信是廣州解放前，已將從前的政治宣傳句語洗掉。1948 年夏天。

1.13

美國攝影師抽空跑進廣州市舊越秀公園內，拍攝
接近涼亭的情景，1948 年仲夏日。

1.14

近距離看廣州市舊越秀公園內涼亭外的景色，
1948 年夏天。

1.15

1948 年夏天的舊越秀公園內，位置處於越秀山腳，可見廣州市民在
裏面活動的情況。圖中可見仍存在日式建築，未被拆掉。解放後，
整個公園重新建設，再沒有這些日式建築存在。

1.16

在離開廣州市的路上，可見幾名年青人在路旁工作。1948 年夏天。

1.17

「從我的三輪自行車上回望，坐着的三輪車，正像右邊背景中的那一輛。」中國廣州市，1948 年夏天。

1.18

美籍記者在離開廣州時，汽車經過越秀山，拍攝日軍建於 1938 年的
廣東神社。位置正是今天在南越王墓的山頭。日軍投降後，該神社仍
沒有拆掉，解放後於 1950 年代初期，新中國政府將神社拆掉，故此
張拍攝於 1948 年夏天的彩色照片，相信是廣東神社僅存的彩照。

1.19

在趕往廣州機場的途中，車子經過這座漂亮藍色
瓷瓦屋頂的中山紀念堂。相信是現存廣洲中山紀
念堂最早的彩色照片。1948 年夏天。

1.20

坐落於黃埔涌河岸，對開的河邊草坪，正是今天的廣州塔廣場，航拍照片清楚可見明顯的赤崗塔，面對遼闊的珠江。

1.21

飛機在龍形蜿蜒的河流上空從廣州飛向東莞。照片中間的地區是仙村，左邊是中堂，下方是高埗和石碣，右邊是石龍。圖片中橫跨的黑線是九龍至廣州的九廣鐵路火車路線軌道。1948 年夏天。

1.22

德格拉斯 DC-3 飛機正準備在九龍啟德機場降落。從窗外南眺，清晰可見昂船洲上，有三枝高高的軍用通訊接收站台，背景是多山的香港島和沿着山邊的建築群。1948 年夏天。

1.23

「當男孩們剛登上機場的接駁巴士時，以為所有乘客都已經離開了飛機，但見到一名印度婦女手抱着男孩，正走出香港國泰航空公司得格拉斯 DC-3 飛機的機倉門口，準備步下飛機時，一名男孩立即前來幫助她。」1948 年秋天。

1.24

「我與阿玲 Awnings 住了一晚在相片中佐敦酒店（Jordan Hotel），二樓角落方向的房間，1948 年夏天。」佐敦酒店位於佐敦道與渡輪街交界處，只記錄存在於從 1948 年至 1950 年代中期。城市中的遊樂場 —— 從九龍佐敦的喬治五世紀念公園向佐敦道的景色，可見一條穿過公園到廣東道的小路。

1.25
「我坐在天星小輪上，正抵達尖沙咀九廣鐵路總
站的碼頭，1948 年夏天。」

1.26

一個漁民家庭，婦女帶同小孩坐在維港上的一艘
舢舨船內，1948 年夏天。

1.27

1948 年夏天，從天星小輪上拍攝，船桿掛着厚重縷紋帆布的高尾中國帆船。

皇后像廣場（或稱雕像廣場 Statue Square）
與滙豐銀行和太子行大樓的影像。香港的夏
季，在照片背景的山頂區，經常被雲層籠
罩。1948 年夏天。

1.29

小輪正抵達港島的岸邊碼頭，看見人力車夫正在
帝國大廈（King's Building）外等待乘客的情況。
1948 年夏天。

1.30

香港島維多利亞城的市區大廈分佈地圖，由遠東印刷出版社印製 1953
年的 *A Guide Book on the Gem of the Orient*（《東方之珠指南》）內的
插圖。沿岸的干諾道，正是早期 1948 年夏天拍攝彩色照片顯示的一些
中環區內的商業建築物。

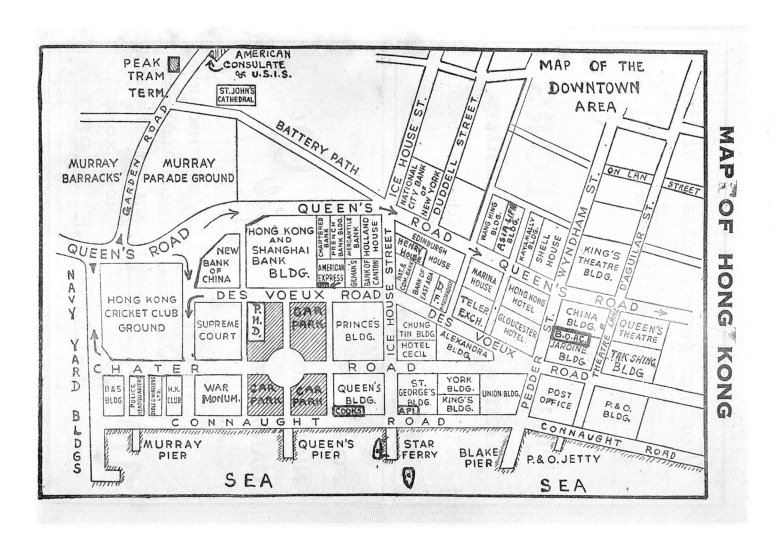

1.31

在中環干諾道的海傍捕魚。香港會所、皇后大廈、郵政總局、鐵行大廈和天星碼頭都出現於相中的背景。1948 年夏天。

1.32

「在美利軍營閱兵廣場後面不遠處,可見滙豐銀行大樓和最高法院,煤氣街燈就在街道旁。香港 1948 年夏天。」

1.33

一輛載滿活雞雞籠的三輪單車,載着手持雨傘的同伴,正路過中環金鐘一帶地段,1948 年夏天。

完成了一整天在建築地盤、道路建設或街道維修
的工作後，勤勞的女工肩着坭扒和藤籃，正慢步
回家。香港 1948 年夏天。

1.35
灣仔皇后大道東近皇家海軍船塢的遊樂廣場旁，
兩名從事勞動工作的女子大聲談話，旁若無人，
其中一人正在嘴嚼甘蔗。1948 年夏天。

1.36

在銅鑼灣道聖保祿醫院路旁，蓄着長髮馬尾辮的艇娘，赤腳在街上行走，背景出現四十年代末期的大型房車，摩登衣着的女子，還有戰前的消防龍頭。香港 1948 年夏天。

1.37

於 1947 年由山頂觀景台（the Peak Lookout）改建而成的露天山頂咖啡廳（Peak Cafe）。這張照片是從剛建成不久的咖啡廳內部拍攝，俯瞰香港島以南的南海景色。1948 年夏天。

1.38

從山頂遠望維港景色，近景可見動植物公園、中環、遠望九龍半島與分隔新界的山脈。1948 年夏天。

1.39

香港島往山頂路上，可見被日軍破壞的英式別墅房屋，攝影師稱它為「鬼屋」。1948 年夏天。

1.40

「也許這是一位富有兄弟的墳墓。」1948 年夏
天，香港虎豹別墅。

1.41

虎豹別墅內的巨型白色寶塔，
十分搶眼，1948 年夏天。

1.42

「虎豹別墅內的玉亭橋和生動
的浮雕已經免費對外開放，
1948 年夏天。」

1.43

屬萬金油房產的虎豹別墅，可遠望維多利亞海港
和遠處九龍的山脈，1948 年夏天。

由兩個華裔兄弟建造富麗堂皇的花園和房子。從另外一個角度看,在後面的一個小院子裏,除了照片中的游泳池外,還關養了十幾隻德國牧羊犬。1948年夏天。

1.45

虎豹別墅內一座新建精緻彩色浮雕中的瓷製圖塔，即將完工，工人正作最後修葺。背景可見掛有國民黨黨徽標誌紀念先人的寶塔。1948 年夏天。

第二章

訪港旅客

The Visitors

香港的景點，對居住於本地的商人來說，是沒有必要作特別介紹，但對初次到訪的海外旅客而言，他們可以親身體會到香港特有的氣氛：東西交融，和平與喧囂，動力和放鬆。凡此種種的文化特色，非文字可以形容。香港一直處於一個特別亮麗的環境，挑戰着世界上任何一處以美麗景色或以樂趣旅遊著稱的地方。

訪客來港，若是乘坐飛機，繞着維港後，當飛越九龍城的大廈天台時，便體會了驚嚇的場景，而每次都能安全降落於市區樞紐的啟德機場。至於乘搭郵輪的旅客，必定穿越狹窄的鯉魚門航道，眼前立即浮現亮麗的維港景色。他們開始體驗到像我們大多數住在這裏的人永不會對這座城市失去興奮，這種特殊和快速的感覺，不論他們是來自紐約、倫敦、巴黎、北京或亞洲任何一個城市，感覺都沒有兩樣：一生難忘。

對經驗豐富的旅客來說，香港的特殊感覺是無意識地產生於無形中。總體而言，香港的居民模糊地意識到他們正居住在一個壯觀的雙城。在這裏，全世界的商品都陳列在一個快樂的環境中銷售，它在白天被熱帶陽光生動地照亮着，黑夜被百萬盞燈光所照耀。這個地方像理所當然地融入了強烈的對比：郵輪和舢舨、機動房車和人力車、西裝和中式長袍、霓虹燈和香燭、西式商場和寺廟、卡車和竹桿擔挑、混凝土建築和中式屋頂瓦片、電力和柴火，跑車和電車，鐘表和玉石。居民會於週末乘坐纜車到達山頂，為了只是與家人一起出城散步。但對旅客來說，這可能是他們永遠不會忘記的山頂之旅：一切源於從山頂終站帶給他們嘆為觀止的景色。

除了自身的特質，香港幾乎沒有什麼特別的景點。它只是一座迷人的、國際化和現代化的城市，坐落在藍色海港兩側高聳的山丘之間，它乾淨整潔、充滿活力、包含着中國人的開朗和熱情好客，正是購物者的天堂。在夜間，無論是從山頂上、街道中，還是在渡輪上觀看，燈光閃爍的景色都是令人驚嘆。半小時內的車程，經過了多風的丘陵、海灣和島嶼之間，中國農村漁民的遠古生活，便不自覺輕輕地浮現眼簾。至於半小時以外的路程，您可以到達海灘或高爾夫球場的會所、酒店或海上餐廳享受西式的休閒。

那些沒有到過香港那幾英哩地方走訪的人，不論男女，誰不渴望能有機會到訪呢！

—— 以上這篇源於 1957 年駐港外國記者描述香港景色的英文文章，正好反映到訪香港旅客的觀感，經過六十多年，訪客對香港的感覺，與今天無異。節錄改編自《香港政府商貿、工業和財務年鑑，1957 年》，頁 123。

2.01

1950 年代的冬天，一架停在啟德機場停機坪上的國泰航空 Douglas DC-4 飛機，乘客正準備登機，來自歐美的女乘客，穿着整齊，攜帶隨身的物品，正步行至飛機。

2.02

不少歐美旅客都是乘坐飛機到達香港，也是戰後噴射機時代的開始。照片顯示 1965 年 1 月啟德機場停機坪上，大大小小訪港旅客們準備乘坐國泰航空的飛機離港。

2.03

女星雪莉·麥克雷恩（Shirley MacLaine）於
1956 年乘坐英國海外航空公司（B.O.A.C.）的
客機在啟德機場下機。她在大電影《八十日環遊
世界》中飾演奧達公主（Princess Aouda）後，
於 1956 年特別來港訪問宣傳。

2.04

拍攝於 1950 年代，一群在香港休假後的美軍，
正準備登上一架停泊於九龍城啟德機場的韓國國
家航空公司的 DC3 客機，飛往韓國。

2.05

到了 1950 年代，國泰航空已是代表香港本土的
航空公司。1955 年 7 月國泰航空的飛機工程師
Pappy Cowan 完成工作後，正在啟德機場收拾
行裝，準備離開德格拉斯 DC3 的機倉。

2.06

1950年代，英國海外航空公司（B.O.A.C.）在機場的客運巴士，正在等待抵達香港啟德機場的乘客。

2.07

1950 年代的冬天，乘客在啟德機場搭乘接駁的穿梭巴士。這些特別的車卡，購自德國的平治車廠。

2.08

1950 年代，在啟德機場臨時入境大廳外的平台，可見等待親友到來
的人群。前方的修整工程，以鐵絲網圍欄代替舊的木欄，建築工人
們正坐在已拆除的舊木柵欄上休息。背景遠處可見機場的控制塔。

1950 年代，能進入航
空公司成為空中女服務
員，是一份高尚職業，
百中選一的優秀女士，
故身形和儀態都是特別
出眾。拍攝於 1958 年
香港啟德機場的「空中
小姐」，她穿上純白色
的長衫制服，顯得身形
特別健美。

2.10

1969 年 1 月，美國航空母艦小鷹號（USS Kitty Hawk）停泊於維港雄偉壯觀的景色，小鷹號是美國海軍駐遠東艦隊主要成員之一。

2.11

1969 年 1 月維港，一班美國水兵正從航空母艦小鷹號下船準備登岸休假。越戰期間，美國海軍為香港帶來大批休假的水兵，成為香港旅遊消費的主要來源，也帶動了香港旅遊經濟的發展。

2.12

1960 年代，美國大兵從戰艦到達香港後，下船
便跑去淺水灣酒店休閒消費。

2.13

拍攝於 1960 年代初期，一名美國水兵跑到淺水
灣酒店，享受他的休假活動時拍攝。

2.14

堤岸嬌娃 —— 1950 年代，一名嬌滴滴的艇娘與美國水兵在香港仔的路邊一起拍照留念。接着便不理大兵明白與否，以蛋家口音呼喚着：「先生！記得遊河，到我的艇上來呀！」

2.15

賓至如歸 —— 九龍半島酒店應是香港 1950 至 1960 年代最豪華的超級酒店，是各國政要、名人和富豪的首選。照片中訪港的美國貴客，於 1964 年 11 月高興地與酒店醒目的門僮合照。

2.16 & 2.17

尖沙咀是人力車站的樞紐。這兩張照片顯示 1960 年代初期，一對穿着考究的西方女士各自乘坐人力車，經過九廣鐵路尖沙咀總站外。一輛掛上 HK8419 車牌的紅色皇家郵政貨車正停在路邊，準備接收火車運到的郵件。

2.18

1961 年 7 月的旅遊旺季，載有西方遊客的人力車在尖沙咀梳士巴利道與彌敦道交界處的停車場附近臨時停放。遊客不忘與人力車伕合照，也是必要的活動。背景是位於半島酒店對面的450,000 平方英呎的大型戶外停車場，於 1969 年以創紀錄的 1.3 億港元（或每平方英尺 2,661 美元）的價格售出，比底價高出六倍。計劃建造一家五星級的喜來登酒店，樓高 17 層，有 1,100間客房，設有購物中心，於 1970 年代初期建成。

2.19

「危險！」尖沙咀的街道縱橫交錯，初到尖沙咀的旅客均有同一的感覺，走哪個方向才對？照片拍攝於 1964 年 10 月，一名剛抵步的西方旅客，手提着怡東酒店（Ambassador Hotel）專用袋，迷失於尖沙咀加拿芬道 31A 號安柏皮草店（Emba Mink House）外的道路，有點失落，不知如何是好！當時的危險警告路牌是香港電話公司進行地下工程所設，也是香港電話網絡急促發展的年代。

2.20

1949 年末或 1950 年初，格蘭酒店（Grand Hotel）剛剛開業時，一位紳士在加拿芬道和碧仙桃道的交界處，拍下了這張照片。可見一位衣着考究的女士坐在人力車上，緊握着相機，準備在該地區拍攝旅遊照片。

2.21

上環的摩羅街在 1950 和 1960 年代設有一個龐大的古董市場,出售來自不同中國朝代的各類古物,不少遊客會來這裏尋寶。這張照片展示了一群西方遊客由華人導遊帶領,正在尋找可以帶回家的古玩。然而,有些遊客似乎對香港的唐樓和擠迫的居住環境更感興趣。

2.22

1962 年 6 月拍攝的另一張照片，一位西方女士前往邊界「禁區」，與一群新界村民在引人注目的警務處警告示牌前合影。這些穿着客家衣飾的村民，是由這位長鬚伯伯帶領下，作攝影模特兒，當然這是收費的。這位長鬚模特，從不少旅客的照片中，都可以發現他的身影。

香港！香港！它是不夜之城，它是自由的天堂，它是冒險家的樂園，它是東方的窗櫺，它是西方的鏡子，洞見一切，同時也反映一切。生活在香港的人，總羨慕歐洲和美洲的生活；住在南洋海外的人，則羨慕香港的生活。是的，香港是「東方之珠」，也是東南亞有名有實的自由港，也是東方與西方海、空交通的轉口商埠。遊歷過香港的人，會夢寐香港；未來過香港的人，會憧憬嚮往香港，這也是很自然，很必然的現象！

香港為珠江口外一小島，原屬中國廣東省，其成為英國屬地，已逾百年。目前所謂香港，係由下列三個地方合併而成：(1) 香港本島，面積約 30 英方哩，於 1842 年依據《南京條約》割讓於英；(2) 九龍半島，自尖沙咀至界限街止，面積約 10 英方哩，於 1860 年《北京條約》割併香港；(3) 新界，面積約 376 英方哩，於 1898 年租借與英，以 99 年為期，至 1997 年屆滿，三地合計 416 英方哩，統稱為英屬香港。

香港港口面積 17 平方英哩，不僅以自然景色美麗著名，同時亦以港務設備之佳著稱於世，遂成為世界最繁忙的港口之一，船隻出入，終年不絕。

香港的港海良好，碼頭設備完善，利於各種船隻停泊，同時在國際形勢上甚為重要，故經過及停泊之各種船隻甚多，1959 年內，大洋船及河輪船進口共 4,569 艘，海上來往旅客多達 100 萬名。香港本島與九龍半島之間經常有渡輪往來，1959 年內，11 條線之小輪載客共達 135,986.067 人次。香港自 1945 年 8 月 30 日光復以來，成為東方一片樂土，所以人口激增，至今已比原有增加凡四倍，目前人口在 300 萬人以上，其中大部分為來自大陸的難民，一部分人居於水上，其餘並包括少數各國籍人士。這個地方，居民國籍竟達 50 餘國之多。

啟德機場是香港唯一的機場，在九龍半島東面的海邊，最近曾由政府當局大力重建，成立了可供各種巨型航機的升降的新跑道。多數航空公司，均有辦事處在港，至少有 20 多條航線與世界各主要航線相聯接。1959 年內，到達香港及香港起飛的飛機，共約有一萬架，搭載來往搭客近 30 萬人。

香港全境的街道不斷改進，至今已共長達 450 哩，全部車輛在 36,000 輛以上。港九兩地公共汽車，合計約 1,400 輛，電車 146 輛。

港九共有大小工廠 4,894 家，僱用員工 192,843 名，直接或間接賴以為生者幾達全部人口之半。香港的主要工業為紡織業，出品佔世界紡織業的主要地位，此外並有造船、塑膠、膠鞋、手電筒、電池、電燈泡、搪瓷、暖水壺等出品也是暢銷全球。全部出品的種類，共達 400 餘種之多。香港的技工，工資每日港幣 7 元至 16 元，非技術工人每日港幣 3 至 6

元，人工之廉價，為任何其他工業城市望塵莫及者。

新界居民以務農捕魚為主要職業，主要農業產品為食米，每年收成兩次，年產約 50 萬擔，漁船約共 11,000 艘，其中一小部分為機動漁船。

由於港內無河無湖，整個香港的用水全靠天然雨與蓄水池，每年 4 月至 8 月雨量較多，平均每年下雨 20 吋左右。本夏雨水，為開埠以來最多，連綿一月傾盤大雨，水塘全部滿溢，得水共 104 億 6,200 萬加侖，破歷來之舊雨量紀錄，致低窪地區，因雨成災，損害頗鉅。

香港的體育相當發達，各種普遍運動均有舉行，其中以足球運動最受歡迎，球迷眾多，每場球賽，觀眾動輒二三萬人。賽馬的受歡迎程度僅次於足球，彩票獎金數目之鉅，全球無出其左右。游泳亦極盛行，天然泳場甚多，香港方面如淺水灣、深水灣、石澳赤柱等，同以風景優美、沙灘良好著名。九龍方面，青山一帶泳場林立，沙灘細潔，夏令週末，遊客常臨。

商業方面，香港共有銀行及錢莊近百家，保險公司約 170 餘家。教育方面學校 147 間，學生 40 萬餘人。公用事業中的電話共有 86,000 具以上，本港地價甚高，屋租亦昂，煤汽電力，均有供應。香港每年製出電影 300 部，居世界第二位。1959 年上半年度出口總額 1,474,985,260 元，輸入總額 2,221,731,762 元。1956 年以來，大廈建築業風起雲湧，新建築物多如雨後春筍，但至 1958 年及 1959 年，南洋各地游資驟減一半，致已有新樓空置 17,000 層以上。

此外，香港之中文出版事業，為東南亞之中心，南洋各地華文雜誌，大部分均由香港供應，香港之報社及雜誌，約共有 180 餘家之多。

香港全境風景優美，夜色迷人，文物繁盛，多姿多采，與世界各大城市相較，均不遜色，其中新界區的居民，並保持中國農村風味，溫謹諄厚，樸實可愛。與香港有鄰居之雅的葡萄牙殖民地澳門與香港只隔三小時半水程，假期週末，香港居民，時往盤恆。

香港本身為一小島，它對面的九龍半島的大部分地方，實際是中國大陸的一部分，這三個地區裏面有最新式的西方文物，也有最古老的東方文化，它們合併交融，便是我們現在所見及許多外人所夢想一臨的——今日香港！

節錄自一九六〇年出版的《今日香港》（Hong Kong To-day）踏入六十年代的香港；《良友》畫報，第四十六期，一九六〇年七月，內文十四頁對香港整體的描述。

3.01（前頁）& 3.02

分別拍攝於 1950 年代和 1958 年 12 月渡輪上，沿上環至西營盤海濱堤岸的戰前三四層高的排屋（一排排的唐樓）。全是用作糧油食品進出口的倉庫，也是各外埠莊號的所在地。上圖可見《大公報》和《新晚報》的報社大樓。

3.03

1950 年代較舊款的天星小輪，仍然保留着高高的煙囪和圓潤的線條，
讓人想起民國時期同款的上海渡輪。上層甲板（頭等艙）的渡海收費是
兩毫，下層的甲板收費是半價。

3.04

中環進行第二期填海工程後，1957 年落成新建
成的天星小輪碼頭，擁有兩個碼頭及鐘樓。這張
照片拍攝於新天星碼頭投入使用後不久。

3.05

戰後港島的填海計劃，第一期由美梨道（即現在的美利道）至舊天星小輪碼頭間，工程於 1954 年完成，獲地 388,000 餘平方英呎。其後的皇后碼頭，大會堂⋯⋯等即建於此新地段上。照片拍攝於 1950年代晚期，照片中可見已完成填海的一段新土地，遠處正是香港的金融中心 —— 滙豐銀行和中國銀行大樓，它們對出左右位置分別是太子行和法院大樓，形成「左青龍，右白虎」的氣勢。

3.06

1950 年代後期，由皇后像廣場拍攝的滙豐銀行大樓宏偉的花崗岩外牆。

皇后像廣場在 1940 年代後期，已從戰前的市政花園改建為停車場。

3.07

拍攝於 1950 年代的照片，展示了新的中國銀行大廈和 1930 年代的滙
豐銀行大樓。兩者都是香港百年金融老店，隨着時代的變遷，兩家銀行
在香港扮演的角色，出現了此消彼長的情況。

3.08

第二代香港會所大樓建於 1897 年，位於中環遮打道的和平紀念碑旁。
該大樓的照片，從初期剛建成的黑白照片，到原黑白玻璃照片塗上淡水
彩，再到 1965 年 7 月 12 日拍攝的鮮艷彩色照片，香港會所大樓的影
像，正是香港攝影從黑白發展到彩色的見證，大樓於 1981 年拆卸重建
成今天的新會所。

3.09

中環舊法院大樓（即今天的終審法院大樓），是香港法治精神的標誌，也是重要地標。填海後的 1960 年代初期，法院外是綠化的露天停車場，部分劃作公園休憩地。滙豐銀行為了防止銀行大樓前出現任何建築物，早年已購入此地段，防止有高樓建築影響風水。

3.10

呈現包浩斯建築風格的新大會堂於 1962 年 3 月
2 日全部落成啟用，建築費高達 2,000 萬港元。
照片拍攝於 1960 年 9 月，其中快將完成工程的
是大會堂低座大樓和海傍的公眾停車場。

3.11

1960 年代，從干諾道香港會所後商業大樓的高層
餐廳裏，外望建成不久的大會堂及維港的景色。

3.12

1950 年代的港督府（現稱禮賓府）。這座歷史
建築在二戰年代，由日本人徹底改造，在此期間
後的幾十年中，並沒有太大的變化。

3.13

港督府入口在 1950 年代由兩名英軍士兵和兩隻
石獅守衛着。

3.14

1963 年 9 月，位於花園道的美國領事館大樓。

3.15

1950 年代早期的動植物公園內的水池，照片背
景中可見中半山和山頂的景色。

3.16

7 號巴士總站 —— 建成於 1933 年的中環統一碼頭，位於租卑利街（即現在的租庇利街）一帶，設有 7 號巴士總站，是前往港島西部地區和香港仔必乘的公共交通工具。路線是由統一碼頭至香港仔，途經干諾道中，干諾道西，東邊街，大道西，薄扶林道，香島道等；平均 15 至 20 分鐘一班；分段收費，由一毫至二毫不等。留意拍攝於 1960 年 9 月的照片前端有人力車，是接載和運送小貨物的陸上連接交通工具，與九龍尖沙咀的人力車以接載遊客為主，有很大的分別。

3.17

電車大道 —— 德輔道中告士打酒店及怡和大廈（後期由會德豐大廈取代）外的電車道。右邊是郵政總局。乘坐電車旅行是最便宜和最愉快的交通工具，讓乘客可以在一次旅行中看到整個島嶼的北面景色。一旦登上德輔道中電車的頂層甲板，您將緩慢穿過擁擠的街道，一直到達港島東面的筲箕灣，費用為兩毫。

3.18

熙來攘往 —— 拍攝於 1955 年 7 月，位於德輔
道中太子行外的總統航運公司（President Line
Co. Ltd.），人潮往來，非常熱鬧。

3.19

金融中心 —— 1960
年 9 月，站立於滙豐銀
行總行門外拍攝中環金
融區的街景。高樓是德
輔道中的舊東亞銀行大
樓，旁邊是中國聯合銀
行大廈（即現在的新顯
利大廈），右邊是太子
行。

3.20

中區最繁忙的地區是皇后大道中與雲咸街的
交界處。這張拍攝於 1950 年代的照片，展
示了娛樂戲院的西片《羅宮春色》的廣告，
這是名導演 Cecil B. DeMille 於 1932 年製作
的老電影。

3.21

1950 年代娛樂戲院外仰望德己立街的景色，是
非常繁忙的道路。照片可見位於史丹利街交界
處的新世界咖啡廳，對面是實用書店（Practical
Book Co.）。

3.22

從雲咸街交界處看安瀾街的景色，1950 年代，
這裏是絲綢、抽紗、麻布花邊和手帕零售及批發
業務店舖雲集之處。

3.23

1961 年，沿着皇后大道中往前走，到了中央街市大樓，可以找到更多本地商店，出售中藥、上海菜和燒肉等華人消費品。

3.24

砵典乍街，又稱石板街，是香港中區最古老的街道之一，以香港第一任總督的名字命名。照片攝於 1950 年代史丹利街，上望石板街的景色。拍攝的位置正是今天中環石板街酒店（The Pottinger Hong Kong）的門外。

3.25

皇后大道是香港開埠後的第一條大道，連
貫東西，後來才分了中段、東段和西段。
其中大道中是最古老的商業地段，1950 至
1960 年代仍保留着不少戰前的唐樓建築，
各種商業店舖的招牌，見於道路兩旁。照片
拍攝於 1960 年 9 月，其中 277 號的民興
大藥行清晰可見。至於云云店舖中，到今天
仍然存在的，只有 265 號的蔡伯勵擇日和
262 號的李錦記蠔油中環總店。

3.26

雨後的蘇杭街 —— 中環舊區的橫街窄巷是港島特色之一。其中的乍
畏街（即今天的蘇杭街），是華人店舖集中地，若不是90號的蛇王
林蛇讌和禧利街38號交界的六記昌五金，此1960年9月照片中的
街道景象，便很難精準地確認位置。

3.27

拍攝於 1960 年 9 月的乍畏街（即今天的蘇杭街），是傳統商店和中醫的集中地。其中 33 號的三揚貿易公司，美利隆洋紙，陳秋雲內科中醫師等，都是為了服務該區華人而設的。

3.28

1950 年代由太平山街往普仁街交界拍攝的街頭
景色。

3.29

1960 年 9 月拍攝的弓弦巷的早期照片。上摩羅巷盡頭的狹窄通道被右側巨大的石頭擋土牆所遮蔽,這是 1960 年代港島上紙品製造供應的中心。禧利街就在拐角處。陽台上掛滿洗漱了的衣物和用品,密密麻麻的公寓顯示了居住的環境是那麼的擠迫。

3.30

照片拍攝於 1964 年 3 月上環內街的弓弦巷。其中 17 號的同泰紙盒、19 號的新興洋紙板紙和 20 號的安隆金銀首飾鑲作,正是港島區早期家庭小工業的所在地。

3.31

從多張摩羅街的照片看,當年的裕寶齋古玩店所
在的位置是最佳的,幾乎不同旅客在該處拍攝的
每一張照片,都包括它的招牌在內。此照片拍攝
於 1960 年 9 月。

國寶此中尋 —— 香港古董店出售的東西，主要
是中國瓷器、玻璃、金銀和銅器等製品。不少在
香港政府工作的外籍官員，閒時多在古董街尋
寶，到他們退休後帶返家鄉，其後以更高價格拍
賣出售，安度晚年。1960 年 9 月的照片可見當
時出售的古董。

大展鴻圖 —— 位於荷李活
道 54 號的山泉茶室。此攝
於 1960 年 9 月的照片，
顯示了該店舖新張誌慶時
的鮮艷花牌。

3.34

拍攝於 1960 年 9 月的
港島伊利近街一段的舊唐
樓。照片中位於街口的公
昌號，是該區收買銅鐵金
屬的店舖。

3.35

沿着灣仔告士打道旁邊的堤岸，於 1930 年代一
直是繁忙的地區。拍攝於 1959 年的灣仔告士打
道海傍，照片中高出的樓房正是早期的六國飯店
（Luk Kwok Hotel），建於 1933 年的六國飯店，
二戰時曾是日軍的俱樂部「千歲館」，戰後由英
軍接管，1946 年回復為酒店。照片中的灣仔堤
岸旁，設有專為船隻加油 marine diesel 的無比
石油油站。

3.36

1966年11月謝斐道六國飯店旁,見一棟殘破有陽台的老式唐樓。唐樓的另一角落,可以看到六國華麗結婚的新婚服務公司的招牌。

3.37

1966 年 11 月灣仔莊士敦道繁忙的街景。照片可見聞名的龍門大茶
樓，還有以客家鹽焗雞招徠的醉瓊樓飯店、中邦國貨和仍然存在的
馮良記表行。

3.38

1950 年代從般咸道看半山及上環區的景色。左側塗成白色的建築物是位於普慶坊 10 號的嶺光中學。

3.39

位於港島大坑銅鑼灣道的聖公會聖瑪利亞堂，
建於 1937 年，戰後直到 1949 年才重新開始
服務。這張拍攝於 1950 年代的照片，展示了
1920 和 1930 年代西方對中國建築的典型詮
釋。

3.40

從渣甸街交界處眺望軒尼詩道。在這張拍攝於1955年的照片中，最近開業的紐約劇院位於波斯富街的拐角處。這條電車軌道沿線一帶的建築物，後來被重新建成東角中心和崇光百貨。

3.41

1950年代的銅鑼灣海堤，可見水渠（今日的堅
拿道〔Canal Road〕）的出口，遠望虎豹別墅及
渣甸山的山景。

3.43

1950 年代，虎豹別墅內的情景，在彩色繽紛的浮雕下，仍可見萬金油專車和老闆的座駕泊於園內。

3.44

九龍天星碼頭的洗手間是遊客和本地居民的熱門
去處。1960 年 9 月，它仍是擁有最佳海港景觀
的公眾廁所。

3.45

拍攝於 1960 年 10 月九龍半島酒店對出的梳士巴利道，一排鮮紅色的人力車整齊地停泊於路上，等候接待從酒店出來的遊客。乘坐人力車的官方定價是每五分鐘五角錢。1968 年，政府停止發放人力車牌的許可證。到了 1970 年，香港只剩下了 170 輛人力車在路上行走。

3.46

拍攝於 1950 年代的梳士巴利道與彌敦道交界，可見交通警員站崗亭後，顯眼的大型廣告牌和加德士油站。

3.47

今天廣受內地遊客歡迎的廣東道，早已成為香港的主要購物街。這張拍攝於 1962 年 6 月的廣東道照片，顯示它當年已經是一個主要旅遊景點。唯一的分別，它以前是歐美遊客經常光顧的地方。商店包括位於廣東道 28 號的牛奶公司專門店，出售牛奶和雪糕。尖沙咀隨處可見的人力車，停在路邊等候遊客光顧。

3.48

拍攝於 1967 年 3 月的麼地道。右邊是由僑豐建築公司新落成面向
漆咸道的商住大樓 —— 海景大廈。

3.48

3.49

滿目瘡痍。1960 年代最厲害的颱風一定是瑪麗小姐，她於 1960 年
6 月 7 日至 8 日侵襲香港，對香港各區所做成的破壞，是 1960 年
代中最嚴重的，港九市區的街道於颱風過後滿目瘡痍。照片拍攝於
颱風過後，尖沙咀加拿芬道格蘭酒店外的情景，樹木倒塌，停泊在
路邊的車輛亦不能幸免。

3.50

新型號的美國雪佛蘭羚羊房車（Chevrolet Impala）。香港汽車進口於1950年代已經發展起來，美國通用汽車的雪佛蘭新型號也引進香港市場。拍攝於1958年8月的尖沙咀麼地道與彌敦道交界處，中華無線電器行的門外，停泊着一輛車頂和前後車身白色的雪佛蘭羚羊1958年型號的新車，十分標致，吸引了路過的旅客快拍留念。留意照片左上角湯生皮鞋公司的招牌，店舖座落於彌敦道225號。

3.51

1949 年末或 1950 年初，在彌敦道與加拿分道交界處拍攝的早期彩色照片，圖片左邊是當年新建成的格蘭酒店（Grand Hotel），仍為盛大開幕前作最後的裝修。

3.52

縱橫交錯。尖沙咀的內街縱橫交錯，令不少初到香港的旅客不知如何走出這個小迷宮。拍攝於 1958 年 8 月的金馬倫道，整條街道的店舖都是為旅客而設，其中洋服店和售賣相機用品的店舖林立，遊客只能從街道的盡頭遠遠看到漆咸道對外的港灣，才了解自己身處何方。

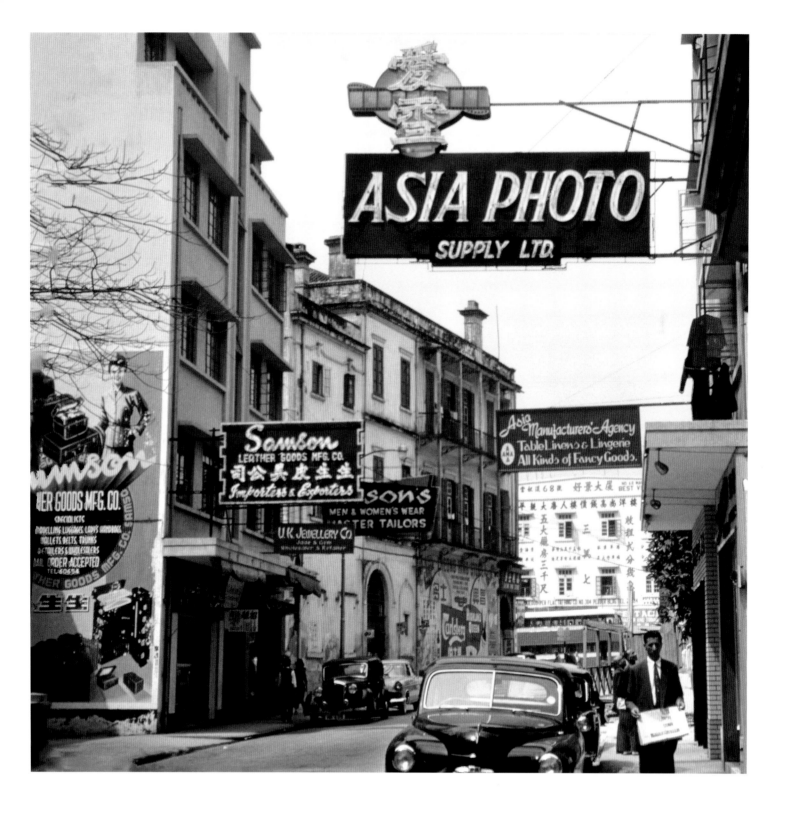

3.53

堪富利士道。拍攝於 1959 年尖沙咀堪富利士道
2 號 A 的門外，可見愛雪影音公司（Asia Photo
Supply Ltd.）九龍分公司營業和沖印部，街尾可
見雙層巴士經過的彌敦道近海防道出口。

3.54

四海綢緞。仍然存在五十年以上的公司和企業，
在香港也有不少。其中位於彌敦道德成街的四海
綢緞商行，拍攝於 1955 年 7 月的店舖，現在
已是四海大廈的位置。

3.55

小上海。拍攝於 1962 年 7 月的尖沙咀加連威
老道,當年已是上海食肆林立的地區。原因是解
放後,不少上海人遷居於香港,更有不少落戶於
尖沙咀,其中包括上海青幫大亨杜月笙。

3.56

尖沙咀海防道。拍攝於 1958 年 12 月尖沙咀彌敦道與海防道交界處。右邊有樹木的是九龍公園入口。照片左邊的海防大廈，當年是住滿居民的唐樓，仍保留着一梯多伙擠迫的居住環境；每一個露台，伸出來的曬衣桿，均掛滿大小不同的衣服，可見一個單位已住了不少人口，正是港式「七十二家房客」的體現。

3.58

1960 年 9 月的旺角渡輪碼頭。

3.57

大街大巷。彌敦道是九龍半島的主要縱軸幹道，以第十三任港督彌敦爵士命名，是一條寬闊的大道，從尖沙咀維港岸邊穿過九龍半島，一直延伸遠至 1898 年前與華界接壤的界限街。在這張 1955 年 7 月的照片中，可以看到介乎柯士甸道和佐敦道之間的彌敦道的一段大路。路旁的店舖多是售賣日用品、服裝和鞋類的百貨商店。

3.59

1968 年，九龍普慶戲院的外牆，出現了慶祝中華人民共和國成立十九周年紀念的橫額，手繪的彩色設計，十分注目。

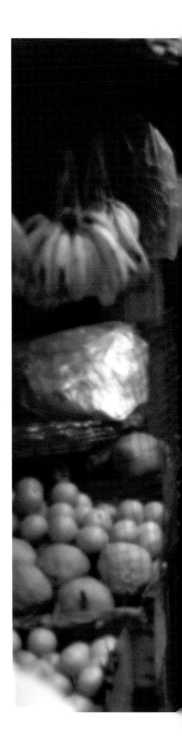

大眾樂園。位於九龍荔枝角的荔園，佔地 160
萬平方呎，是香港人娛樂的好去處。照片拍攝於
1966 年 2 月春節期間，荔園的大門入口，掛上
「恭喜發財」的牌匾。

珠光寶氣。香港夜景世界聞名，其中大街上色彩
繽紛的霓虹燈廣告牌，更顯大都會的特色。拍攝
於 1960 年 9 月的「世界名表愛玲瓏」霓虹招
牌，色彩奪目。

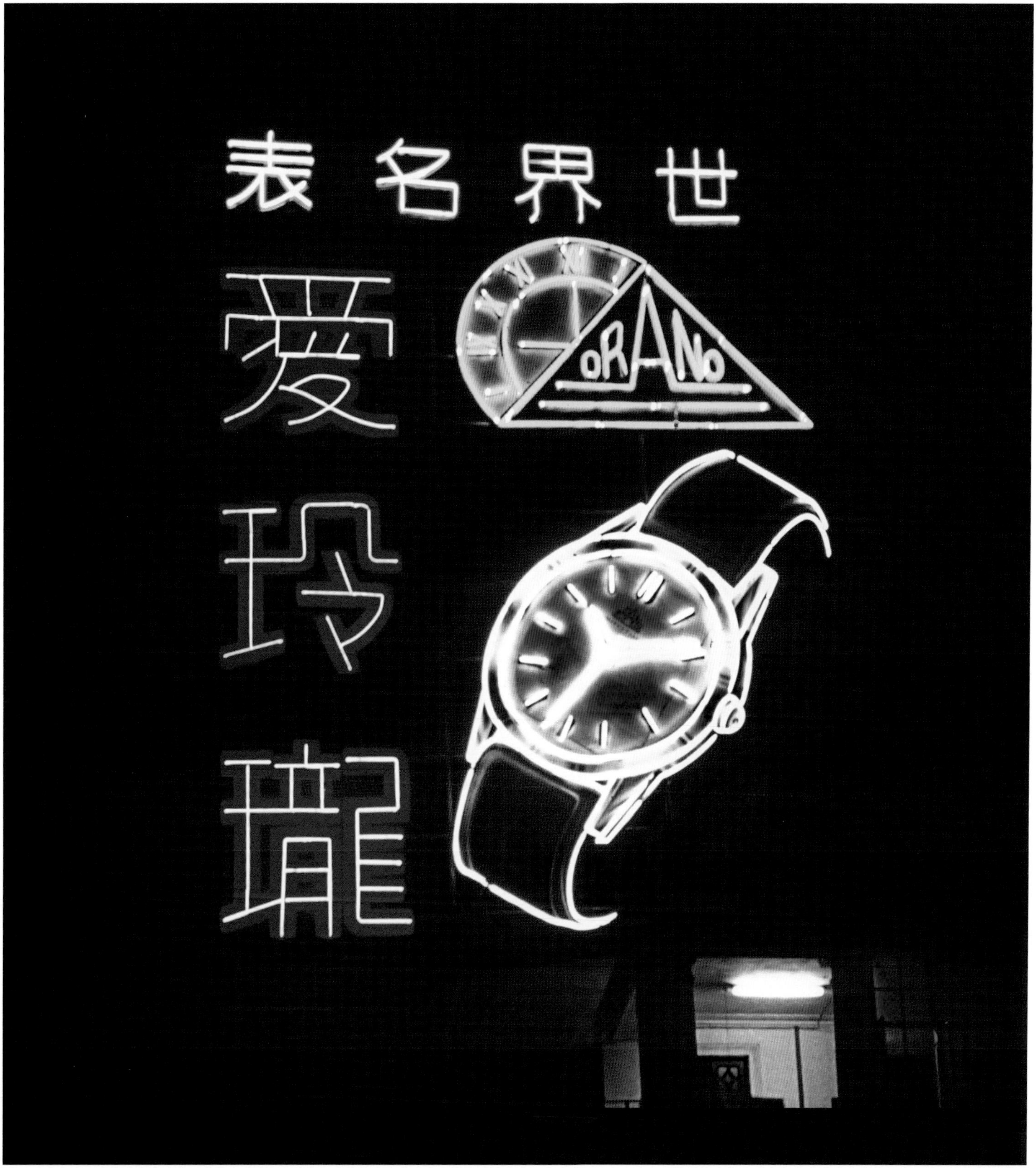
世界名表
爱玲瓏
ORANO

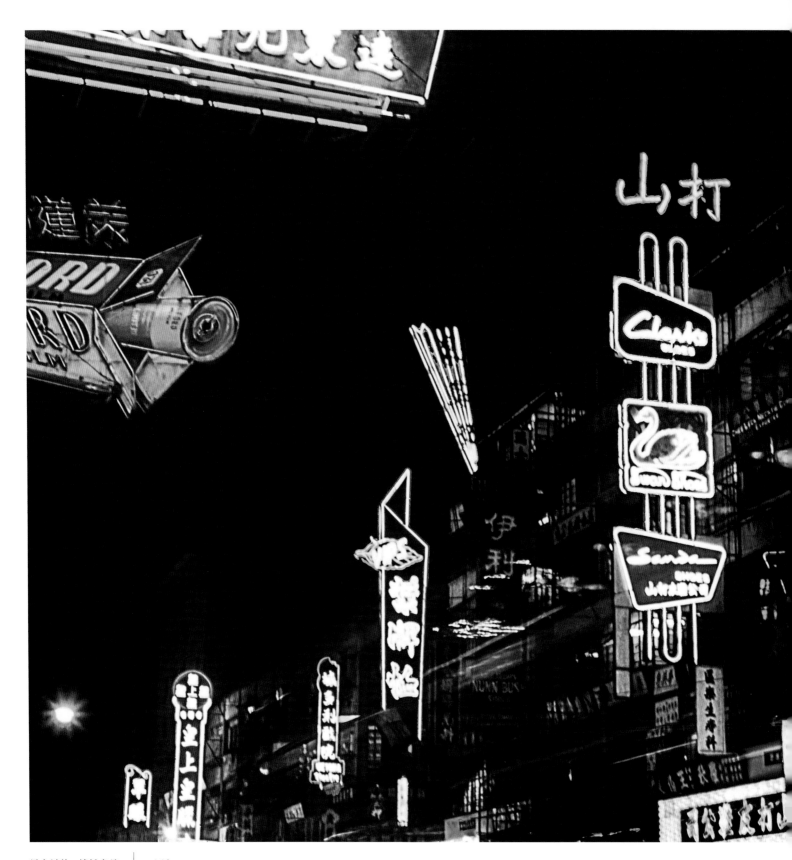

3.63

對鏡晚妝。華麗的燈飾，是構造一幅美麗圖畫的要素：瓊華酒家是當年的大茶樓和夜總會，其他如山打皮鞋公司代理的英國 Clarks 皮鞋、伊爾福（Ilford）菲林、本土的葉牌衪、域多利戲院、皇上皇臘腸、單眼佬涼茶等等。1960 年 9 月晚上彌敦道與亞皆老街交界的霓虹燈飾，正是旅客夜景拍攝取景的好題材。

第四章

活在香港

Life in Hong Kong

節錄自《黃龍報》，馮覺誠著，皇仁書院一九六五年夏季第六十卷，第一、二期合刊，頁五六。

香港，這個被人譽為「東方之珠」、「民主的窗櫥」的大城市，在近年本由於工業不斷發展，出口貿易不斷地擴大，在表面上便有一片繁榮的景象。但在骨子裏它和世界其他大城市一樣，有光輝燦爛的一面，也有黑暗的一面。

香港就像一個種族的大熔爐。中國人、英國人、印度人、馬來亞人等等都能和睦地相處。由於各民族特性的融合，便產生了香港人那種刻苦耐勞的精神。這種氣質使香港熬得着大風暴：對中國轉口貿易的退縮，韓戰時的不景氣，各國對香港出口的限制……都能一關一關地捱過去。結果這些年來香港的工業不斷地發展，到今日香港已成為世界上有數的工業城市。它出產的塑膠花，已能壟斷世界市場，此外綿織品、玩具、原子粒收音機等產品，也因為價廉物美而能暢銷於世界市場，使到香港人的生活水準一日比一日高，市面日漸繁榮起來。

可惜近日香港人奮鬥的雄心，突然消失；他們似乎對前途失去信心，不能拿出勇氣掙扎下去。一時間僥倖心盛行，賭博的風氣便盛行。不論在茶樓酒館、公園、街頭巷尾都可見到升斗市民在那裏「刨馬經和狗經」，這一股賭風真是無孔不入。最近竟然吹進作育英才的學府裏，青年學生對「馬匹晨操」比對體操更有興趣，對賽馬結果比對考試結果更關心，已不再是新聞。

香港至今還實施舊式的稅制。再加上低階層市民的薪金微薄（按編者分析，當年一般工人月薪大約是二百至三百元），而高階層人士的收入以千、萬計。結果貧富懸殊的情形，非常尖銳地出現在香港的社會。富人過的是奢華的生活，窮人的居所卻連狗窩也不如。

香港的居民大部分是中國人，這個國家的人，向來被視為「守法度，尊仁義」的仁人君子。但在歐風美雨的侵擊下，中國青年在歐美倫理觀念方面，多不能吸收它好的一面──培養獨立精神，而接受了它的惡劣後果──無理性的反叛。故此中國的舊道德觀念，日漸淪亡，引致青年犯罪和阿飛問題日益嚴重。每天我們都可以從報章讀到謀殺，以刀斬人，以腐蝕性液體淋人等無理性的罪案。

香港雖然在表面上一片繁榮、昇平的景象；但在骨子裏卻充滿隱憂。為了維持永久的安定，必要建立一個健全的社會；在此之前，必先建立一個健全的經濟體系，辦法是把香港的產品多樣化。這樣香港的經濟才能經得起大風浪，才不會如現在一樣：建築業務稍為退減便做成今年農曆年的蕭條景象。在一種產品受壓力時也不會嚴重影響整個經濟系統。

銀行擠提的風潮發生過後，使我們感到教育的迫切需要，和謠言的可怕。所以政府應該更努力於推行教育包括成人教育，香港才可以在動盪的局勢下，不受謠言影響，而繁榮生存下去。道德淪亡是整個社會的責任，只有人性的自覺，才可以避免悲劇繼續發生。香港人必須拋棄過分的物慾和僥倖心理，腳踏實地工作，以建立一個更健全的城市社會！

4.01

1950 年代，一位穿着高貴真絲長衫的女士，站在碼頭前的平台上，手中持有燃點着的香煙和精緻的手袋。

4.02

第 414 號手車伕 —— 港島區的人力車服務和九龍尖沙咀區有很大的分別。尖沙咀的人力車主要是接載旅客遊覽，而港島區的人力車是為港島居民作搬運大小物品短途之用。1960年 9 月照片中的手車伕，正在皇后大道中最旺盛的店舖門外，等待為客人作搬運貨品的服務。在 1950 年代，租用人力車的官方定價是不論路程長短，不超過十分鐘，短程收費一律兩毫。若超過 10 分鐘的路程，額外的時間是每 10 分鐘收三角錢，或額外的半小時收六角錢。到了 1960 年代，已劃一收費，每五分鐘車程收費五角錢。

4.03

行人如潮湧。皇后大道中與租卑利街交界，因為有歷史悠久的中環街市大樓，經常出現人車爭路，好不繁忙的景象。照片拍攝於 1960 年 9 月，如潮湧的行人中，見穿着花裙的妙齡少女，正準備橫過租卑利街。

4.04

買菜時間。1960 年 9 月從皇后大道中看嘉咸街的街市入口,街道雖然狹窄,但人氣十分旺盛,街口見昭泰銀號的招牌。

4.05

摩登香港。香港的時裝，除了出售舶來貨的百貨公司外，也有不少本土時裝製造公司，專為摩登的女士訂製衣裙。1955 年 7 月拍攝的照片片中，一名身穿白色長衫的女士行經銅鑼灣一間時裝店的櫥窗，在匆忙趕路間，也被櫥窗內的新款衣裳所吸引。留意玻璃窗倒映了對面皇室大廈（Windsor House）的牛奶公司招牌。

4.06

繁忙的石板街。中環砵典乍街的路邊小店舖，出售的貨品隨着時代而變更。經過五十多年，這種拾級而上的小店舖，現在仍然存在，分別只是過路人的衣着和動態有所不同。1960 年 9 月的照片中，可見路人穿上當年流行的木屐和膠拖，其中一名大叔忙中偷閒，在路旁小店舖買了指甲鉗，就地修剪腳甲。

4.07

摩肩接踵，拾級而上。石板街分為三段路，其中一段比較窄的中段，正
是砵典乍街 30 號 A 的鏞記酒家原址。1960 年 9 月的照片上端，可見
其白底紅字招牌，隱蔽於店舖之間。鏞記酒家當年的菜單除了著名的燒
鵝外，也是廣東菜館，提供一般的粥粉麵飯和外賣服務。

4.08

1961年9月，中環一間著名的燒味店內，一名夥計正將燒肉斬件，另一名助手以紙張和草繩包裹切碎的燒肉給客人。

4.09

從同時拍攝的另一張照片看，燒
臘舖的店員正幫忙前來光顧的客
人，揀選一行行掛滿着的燒鵝和
白切雞。

4.10

1960 年代的中環街市內，兩名苦力正合力以一枝粗竹杆，擔抬一個載滿食油的大油筒，交付給那裏的店舖。

4.11

1950 年代的中環街市，兩名苦力正擔抬一個竹製的豬籠，急促地走動着，趕緊運送一頭生豬到市場出售。

4.12

精挑細選。香港地窄人多，出售家禽牲口的，不少是路邊攤檔。1960 年 10 月照片中的新界農民，以傳統的籐籃擔挑，將活雞拿到繁鬧的市區街道上出售。因禽流感的爆發，現時路邊買賣生雞的情景已一去不復返，照片中的情景彌足珍貴。

4.13

吹毛求疵。買活雞，是因為夠鮮味。檢查活雞的健康狀態，看看雞的屁股，吹一下雞尾，便知一二。1964 年 11 月照片中的驗雞手法，現今已被視作高危動作。

4.14

雨後墟市。位於鴨巴甸街 2 號的山海酒家、龍山和明星理髮廳等，都是服務該區居民生活所需。1960 年 9 月的照片，顯示雨後濕滑的鴨巴甸街斜路路面，途人走路時倍覺小心。

4.15

1967 年 8 月 8 日仲夏，香港仔路邊的市場，一群婦女正在街角路邊的攤檔圍觀在地上販賣的物品。

4.16

忙中偷閒。中環區的街市，午飯時候是最繁忙的時段，不少在大公司作跑腿的「後生」或信差，都會忙中偷閒，跑到舊中環街市，光顧路邊的攤檔。1960 年 9 月照片中的一名「跑腿」，在暑熱的天氣下，在街市路邊攤檔買個鴨梨，生津解喝。售賣鴨梨的小販刀功了得，一下子在幾秒鐘內，便將一個鴨梨去皮即食。

收市了。中環舊街市，主要服務該區的居民，以
籐籃盛載蔬菜，是一直沒有改變的銷售形式。
1960 年 9 月拍攝的照片中，若不是婦女穿着的
衣衫是 1960 年代的，也說不出背景有多大的轉
變。

4.18

鹹魚海味。上環德輔道西接近海傍一帶，是出售海味的集中地。拍攝於 1969 年末，照片中的店舖，是座落在德輔道西 144 號舊式唐樓的茂利海味店，貨車正停泊於門外，等待上落貨。

4.19

童叟無欺。香港的糖果商店，不少高貴婦女都來光顧。1950 年代的照片中，於店舖內的顯眼處，放置有品牌的產品，如金鷹牌和壽星公牌煉奶。店前一名售賣水菓的街邊小販，向路過挑選水果衣着光鮮的婦女，高舉磅秤，表示斤兩正確，童叟無欺。

4.20

到會餐宴，筵席專家。拍攝於 1964 年 3 月荷李活道 118A 號門外，一名苦力正以擔挑搬運餐館的座椅。照片背後停泊着海珍筵席專家的外運專車。香港於 1960 年代已流行到會的餐宴筵席服務，不少大家族和公司均樂於在喜慶節日聘用這種到會服務。

4.21

獨挑大樑。1962 年 6 月烈日當空下，一身古銅色皮膚的工人，肩負着沉重的鋼纜，快步走過馬路。照片背景是位於文咸東街 5 號的景福金舖和皇后大道中 163-167 號交界的永亨銀行。

4.22

1964 年 10 月，尖沙咀加拿分道一名人力
車伕，正在瑞興百貨公司門外，努力地拉動
他的人力車，與旁邊的房車爭路。

4.23

香雲海。尖沙咀廣東道近柯士甸道一帶的舊軍營房屋,早已停用,但仍有不少軍人和旅客出入。照片拍攝於 1958 年 8 月,該處的建築物曾設有舞廳,名「香雲海」,由印籍守衛看管大門,以防閒雜人等出入或搗亂。

4.24

一心二用。拍攝於 1960 年 10 月石硤尾巴域街的路邊小販，母親一邊抱着光着身子的小孩，另外雙手以利刀削去鴨梨的皮，出售給路過的男街坊，一心二用，驚嚇路人。背後的汽水樽盤，裝滿喝完了回收的汽水樽，一盤盤分作屈臣氏汽水、多益橙汁汽水、Bereley's汽水等等。

4.25

石硤尾北河街與巴域街交界的路邊小販，忙着於皇宮戲院附近出售水果零食。照片拍攝於 1960 年 10 月，以竹竿藤籃街邊叫賣的小販，香港開埠時已存在，使用的藤籃百多年來都沒有改變，不同之處只是居民的衣着服飾。

4.26

街坊的娛樂。1960 年代徙置區居民主要的娛樂是觀看電影。設於石硤尾徙置新區北河街和巴域街的皇宮戲院，便是該區居民娛樂場所之一。皇宮戲院於 1953 年啟業，設有空調冷氣。照片拍攝於戲院開業七年後的 10 月份，正在上演《亡命救孤兒》一片。

《亡命救孤兒》。石硤尾皇宮戲院正在上演首輪粵語片《亡命救孤兒》，時間是 1960 年 9 月份。該片是由馮峰導演和編劇，馮寶寶擔任主角的粵語片，也是馮寶寶的第六部電影，片中飾演麥少娟一角。當年彩色大型印刷廣告仍未流行，幾乎全部戲院廣告都是人手彩繪，也是當年娛樂業的特色。

4.28

繽紛彩繪電影廣告。1950 至 1960 年代香港的電影事業十分發達，港產影片數量世界數一數二。1960 年 10 月拍攝的照片中，可見大型彩繪電影廣告板，在人口眾多的地區展示，十分奪目。

上海食品，可樂配油條。解放後到達香港的上海來客數目不少，在尖沙咀和銅鑼灣區均有由上海人經營的食店，也因為適應香港華南的氣候，喝可樂，吃上海油條和餃子，也是始於香港！照片拍攝於 1962 年 6 月。

港式大排檔。大排檔是香港原有的飲食文化。1960 年代到處可見的大排檔，為居民提供中西式餐飲服務。1960 年 9 月拍攝的照片，可見鐵皮屋頂的大排檔，是出售粥麵的店舖。

4.31

1950 年代，四名苦力沿着尖沙咀漆咸道抬着裝
飾華麗的大紅婚嫁轎車，攝影師沿途從後追趕着
拍攝。

1960 年代，在中區交通樞紐站崗的警員，正指揮往來繁忙的交通。

4.33

最後一程。生老病死是人生必經道路。1950 年代照片，拍攝於灣仔
駱克道 41 號，由梁志豐主理的萬國殯儀館門外，穿上整齊制服的儀
仗隊伍等待出殯儀式。

4.35

放學回家。靈光小學校的學生下課了。1964 年 10 月的照片中，小
學生興奮地從位於九龍馬頭圍盛德街地段 7858 號的校舍，路過位
於同一街上 40 號的靈光醫務所和留產所。特別停下來，給路過的外
籍女士拍照留念。

1950年代放學後，一群女孩聚集在港島一所大房子的客廳裏，在老師的指導下練習戲劇表演。

4.37

劃地作樂。住在市區的兒童，生活於擠迫的環境，故一同玩要時，
都是就地取材。拍攝於 1957 年 2 月，照片中的兒童旁若無人，於
行人公路地上畫圈作樂。

4.38

鄰家小孩。衣着光鮮的富家小孩，跟隨着大人到達尖沙咀的相機手錶專賣店門外。從這張 1966 年 12 月照片中，小孩的表情看來對大人的玩具不感興趣，依傍於店舖門外，不想入內，靜待大人出來。

4.39 & 4.40

伴遊公司在戰後開始蓬勃。會說英語的導遊能得到高薪的工作。這張照片展示了一位名叫「英英」衣着優雅的女士，她屬一名私家導遊。1955 年 7 月，她帶着美國旅客，從金馬倫道國際大酒店，到達尖沙咀柯士甸道聖瑪利嘉諾撒書院旁的花園別墅（今天稱為花園大廈）。旅客在別墅入口處拍攝了英英的照片。

4.41 & 4.42

在 1950－1960 年代成立了一些旅遊公司，它們聘請了受過訓練、會説多種外語的專業導遊。這兩張照片拍攝於 1967 年 3 月，一位穿上蓮花旅遊公司（Lotus Tours）制服的妙齡女導遊，在虎豹別墅內陪伴着一些日本遊客。

4.43

1960 年代，香港旅遊業發展蓬勃，出現不少大型的旅遊公司，招待
到訪的遊客，圖中 Citytowama 公司就是其中一間，備有專用巴士，
所到之處，吸引了一群促銷紀念品的兒童聚集。

4.44

1960 年代，一名經驗豐富的導遊，帶領着一輛大巴的外國遊客，到達九龍區一處徙置大廈旁的停車場，一大群小朋友圍繞着導遊先生看熱鬧。

4.45

繁忙的鴨巴甸街。中西區是港島傳統的名校網，照片中的鴨巴甸街，胡立峰醫館和曾安堂對外一段路面繁忙情況。1960 年 9 月份下午三點多是小童下課回家的時段，不少父母帶領小孩下課回家途中，路旁亦見沒有穿着校服的兒童於街上走動嬉戲。

4.46

低頭一族。1960 年代初的街邊理髮店，一眾小孩坐在木凳上，低着頭，觀看着有趣的連環漫畫書，無聲地等待着，無視理髮師正在忙於剪髮。同是低頭一族，現今的小孩是看手機，玩動漫為主。

4.47

1960 年代香港島內廟宇的情景，廟祝這個行業，一直存在於香港，
有悠久的歷史，代表香港人生活的一部分。

4.48

1950 年代的中環石板街上，可見一名婦女正在狹小的店舖內，縫製客人交來的衣物。

住在香港

香港，是人的集中營，也是屋的展覽會。人拆屋、人建屋、人住屋；屋與人，實實在在是息息相關的！

養魚有「魚譜」，插花有「花譜」，研棋有「棋譜」，習畫有「畫譜」，學琴有「琴譜」，家有「家譜」，族有「族譜」，名流偉人更有所謂「年譜」……。現在，以概括性、對比式的客觀鏡頭，介紹一下太平山下的大小建設、新丰舊貌，名之曰：「香港屋譜」！久仰香港大名而神馳仰慕的海外僑胞們，這就是人們夢裏的「天堂了」，也就是人們口中的「地獄」了。

香港 —— 這個富人、忙人、貧民……的「天國」：有的是美奐美倫的崇樓大廈，電梯、電話、瓦斯、冷氣……一應俱全，是夏涼冬暖，起居舒適的安樂窩。也有近乎「超齡」的木樓，畏風忌火，久延殘喘，夜深清糞，臭氣薰天。有的是半新不舊的樓宇，被鄰近的新屋形成了「大巫小巫」的對照；間有用粗竹大木左支右撐，上承下頂，以防傾圮；這是因為附近有着興工建設的場地，拆平舊宇，左鄰右里，一空依傍所使然。更有的是人畜同居的貧民、平民木屋，晨挑食水，暮點油燈，山間樹下，聚類成村，過的是「城市山林」式的下層生活；至於街頭巷尾、天台木屋，納污藏垢，飽嘗日曬雨淋之苦，都是今日天堂的地獄境界了……。如此「矛盾」的「調和」，如此「殘缺」的「完美」，如此「對比」的「尖銳」，都給香港寫下了一個大的問號！一句大大的歎息！

雖然太平山下是一座美妙的繁城，建築公司與地主之間的糾紛，業主與住客之間的糾紛，甚至二房東與三房東與四房東之間的畸型糾紛……都是今日香港法院常見的官司，尤其是所謂「租務法庭」為然。火災和風災，年中給予香港的屋宇以嚴重的損害；其中有些殘陋的樓房，往往由於一場大雨而招來致命的變化。雖然如此，這對於香港新興屋宇的建設，是有着間接、甚至直接「催生意義」的。至於根據客觀環境的需要而由業主自動拆舊樓建新屋，這更為目前普遍的現象了。

香港的面孔一年新似一年，香港的市容一年比一年美，這是由於若干明敏的人士，利用豐富的游資和充沛的人力物力，創建了雄視東南亞的高樓群和大廈林，引起了世界各地對香港的投資信心。事實上，促成目前以至今後香港屋宇高度猛烈發展的因素本來很多，重要的是從海外僑匯集中香港嘗向地產及樓屋作大胆的投資；還有香港政府歷年這巨額貸款以興建各部門公務員大廈，受惠者以「分期付款」方式還諸政府。近年香港銀行業務獲致順景，都直接和香港的大小建築事業蓬勃穩定大有關係的。最近有等立法議員倡議：「港府應將中區的郵政、消防、海事三大機構舊廈，拆遷新填地，出售現有地段，以彌補港府二億六千萬元的驚人赤字案」。這項理想如能實現，則今後港島中心區的繁榮，將更為進步；未來的香港面目，又添一番特色了。

節錄自《良友》畫報，第四十八期，一九六○年十月，「香港屋譜」，頁六至七。

人間天堂：在殖民地時期的香港，能居住於山頂的別墅，定必是洋人，圖片拍攝於 1950 年代山頂的一座豪華花園外，主人正盛裝迎接到會的華洋賓客。

5.02

香港戰後經歷幾次人口大增長，不少來到香港的新移民，只能在市區擇地而居，山坡和空地都被用作大規模非法僭建房屋。有能力的，便蓋上石磚屋；沒有能力的，便只能搭建木屋和鐵皮屋。照片拍攝於 1960 年 10 月西灣河和筲箕灣一帶的寮屋平房，政府於大坑渠邊，設置街喉提供食用水。居民老少列隊等待着自來水的供應！可能因為居住在這種簡陋的房屋，居民常有衝突，打鬥受傷之事也屬平常，照片中發現不少鐵打醫館的標貼廣告；不論是來自旺角的廖子強，黃耀南，灣仔的姚勝，筲箕灣的歐大明，都以平房區居民為目標客人。

5.03

齊心合力來撲水。1960 年 10 月筲箕灣山邊一帶的平房區。照片中的居民於制水期間，家中的婦女帶同一眾小孩，手提各種形狀的水桶，到政府設置的街喉，等待特定時間的自來水供應，齊心合力為家中提取整天使用的食用水。戰後出生的小孩常與父母共同渡過 1950 至 1960 年代艱辛的生活，他們長大後一般都努力工作，屬勤奮無怨的一族，也是香港精神的根本。

5.04

我家住在中半山。建在山坡上的多是木製寮屋，原因是搬運材料和建築
成本較便宜。不少移民或香港居民，霸地搭建多所寮屋，出租給新到香
港的移民。照片拍攝於 1960 年 9 月，可見箕灣的木屋依山而建，雖然
也是半山位置，但是沒有規劃，十分複雜和混亂，居民每天都要登山回
家！也是港島區奇景之一。

5.05

平民大食堂。港九所有木屋,包括石屋和沙磚屋,一般稱作平房。到了 1969 年,全港有 15 個這種平房區域,居住了 58,000 餘人,仍等待徙置。在平房區內,亦有經營餐飲的食堂。照片拍攝於 1960 年 10 月的西灣河,該區仍是一處未被規劃發展的地方,相中可見成安街 29 號的海記雞鴨檔,也是該平房區的大型食堂,提供的梅子雞和鹵水鵝,是有名的菜餚。食堂第二層樓的露台掛滿衣服,居住了幾戶家庭。照片右方可見黃耀南的廣告,他名下的普救丸製藥廠正是位於筲箕灣南安街附近的石屋。

5.06

日出而作。建於筲箕灣的平房石屋，一幢兩層，地下租出作店舖，樓上住上三伙，各戶的露台是用作晾曬衣服的地方。照片拍攝於 1960 年 9 月，時間是正午，太陽當空，正好是晾曬衣物的時間。照片可見各住戶都將洗好的衣物掛在露台和空地上，大人和小孩都躲進屋內，避免給猛烈的太陽照曬。

5.07

日落而息。同一座平房石屋，但拍攝時間是同日的日落前，大約六點多鐘的時段。居民已準備日落，各人忙於整理和收取衣物，不少晾曬的衣服已收回屋內，下班的勞苦大眾正行經路上。

5.08

山寨酒莊。拍攝於 1960 年 10 月西灣河一帶的山邊，仍見有梯田耕
耘，在山下建築的石屋，不少是土製釀酒的工廠；名字有合益隆，
大德酒莊及和泰園藥酒等等。

5.09

大興土木。香港的建築業於 1950 至 1960 年代發展迅速，不少舊
唐樓都被拆卸重建，做就了不少建築職位。照片拍攝於 1950 年
代，一班建築工人和石工正在一處山邊地盤建造圍牆。這種用石磚
砌成的夾心雙層圍牆，正是當年山邊防坡牆的建造特色。

5.10

「七重天」。香港政府於 1950 至 1960 年代大規模興建徙置大廈，以解決大量新移民和一般市民的居住問題。香港第一期的徙置區設於石硤尾，照片拍攝於 1960 年 10 月，可見已建成了六年，被稱作「七重天」的石硤尾徙置大廈群。

5.11

新舊交融。石硤尾徙置區建於深水埗旁的巴域街，拍攝於 1960 年 10 月的照片，可見遠方的石硤尾健康院和山坡的木屋，右邊是深水埗區的商店，居民穿梭其中，形成新舊交融的景致。

5.12

石硤尾徙置區，是香港第一批徙置大廈，源於 1953 年聖誕日石硤尾寮屋區的山邊大火後，原地重建的「新區」，共建了 29 座第一及第二型的「新樓」，當年住有 64,553 人。照片拍攝於 1960 年 10 月，照片中是南昌街與窩仔街間的徙置大廈，當年徙置大廈地下設有警崗，街上停泊的紅色貨車，是屬於南昌街 117 號同安公司的送貨專車。

5.13

我們就是這樣長大的。部分徙置大廈的地下，也設有居住單位，與一些
店舖有別。部分地下單位的居民，便利用其單位作家庭式手工業，幫
補家計。照片拍攝於 1960 年 10 月，石硤尾徙置大廈地下走廊的單位
外，媽媽承造五金銅線加工，哥哥低頭努力幫忙工作，弟妹在旁玩耍，
也是方便照顧小孩的安排。1960 年代，香港仍不算是富裕的地方，不
論生活多繁忙艱苦，大人仍着力照顧小孩，家庭聯繫更覺緊密。這情況
與今天父母均外出工作，獨留小孩在家中看手機，玩動玩，造成兒童自
小孤僻冷漠的性格。

5.14

區長辦事處。照片拍攝於 1960 年 10 月，石硤尾徙置區內窩仔街和南昌街的交界。照片中可見石硤尾邨的辦事處設於地下，亦是居民稱作「區長」的辦事處。居民每月都會到該處交租，「區長」負責管理屋邨內一切事務，但經常與居民有工作上衝突，作為徙置區的「區長」，吃力不討好。

5.15

駿業宏開。徙置大廈提供足夠的居民消費，
食材供應是少不了的。照片中新開張的兩利
海鮮肉食公司，花牌高達五層樓，從遠處也
可看見。

5.16

酬謝顧客。拍攝於 1960 年 10 月。位於石硤尾徙置區 V 座大廈地下
的志成肉食公司，新開張時酬謝顧客的花牌，花牌中間接壤大廈的
走廊處，已被居民撕破。旁邊的鄭信記士多，是街坊購買雜貨食品
的好去處。在一樓轉角處的單位，住戶掛上「新麗理髮：全套八毛，
小童二毛」的招牌。旁邊的單位也打正旗號，以吳伯先跌打招徠，
這都是利用政府公屋住宅單位，從事商業活動的明顯例子。

5.17

同行競爭。1960 年 10 月石硤尾徙置區大廈地下的鴻記商店、德祥酒莊和合興商店，均是提供居民日常生活所需。暑熱的天氣，店舖不約而同將一盤盤汽水和特大的冰箱設置於門口當眼處，正是商店辦館在夏天競爭的暢銷飲品。至於洋酒和香煙，則是成年人的經常消費。

5.18

集中經營。徙置大廈地下的商店,為了提供居民生活所需,有一定的規
劃和分佈;包括結集同類的肉食店、酒莊、雜貨店等等。1960 年 10 月
拍攝照片中的店員,中午閒來無事,聊天和看報紙打發時間。

5.19

黃金碌碌。徙置大廈間的空地，被利用作售
賣水果的攤檔，為居民提供生活所需。照片
拍攝於 1960 年 10 月，石硤尾徙置區內的
大型水果攤檔，由婦女們看檔，小女孩放學
回到媽媽的檔口時的情景。

5.20

我們住在 W 座。流動的理髮單車，為徙置區居民提供廉價的剪髮服務。照片拍攝於 1960 年 9 月份，石硤尾徙置大廈 W 座地下，媽媽給哥哥安排剪髮，弟弟在媽媽懷中吃雪條，等待理髮的哥哥看得口水都流了出來。右上角牆上張貼着徙置大廈的天台小學招收新生的告白，可見學校每月的學費是四元。

5.21

守望相助。居住於徙置區的特色，是各個單位都有小孩，為方便大人出外上班工作，留守的大人，不論是公公還是婆婆，都是互相照顧，幫助看管一眾鄰舍的小孩。1963 年 9 月的照片中，父母下班買菜後，帶同子女回家，路過徙置大廈外幫助看管小孩的婆婆和街坊。

5.22

基督教世界服務委員會。1960 年代有不少教會在香港進行慈善服務。照片拍攝於 1963 年 9 月，地點是美國基督教世界服務委員會的製麵工場外，外籍人士正與港區職員於專用客貨車前，交談出發前的工作安排。

5.23

來自美國的救濟。美國基督教世界服務委員會（Church World Society）於香港 1960 年代設有分支和製麵工場，專為香港市民提供食糧的支援和有關的救濟工作。1963 年 9 月的照片中，見每袋 100 磅的食糧，布袋均印上由美國人民捐助（donated by the people of the United States of America），正準備分發給石硤尾徙置區的居民。背後的兒童高高興興地等待着派發。

5.24

獅子山下。拍攝於 1960 年代初的黃大仙徙置區。照片中的第二至第五座都屬於第一期七層 H 型的大廈，右邊有圍牆的是黃大仙警署。徙置區出身的港人，為了生活，勤勞拼搏，正是獅子山下精神的由來。

5.25

香港政府建設的徙置大廈，是五六十年代解決房屋問題的重要建設，圖片可見 1960 年代黃大仙上邨七層高大廈，各層居住的情景。

第六章

天主教聖母座堂

Holy Mother Church

香港島第一座天主堂，建於 1843 年，位置在威靈頓街與德己立街的交界。人們對這座被稱為救世主大教堂（St Saviour's Catheral）早期的建築知之甚少。1859 年的火災，聖堂建築受到嚴重損壞。重新翻修的教堂於 1860 年完成，成為童女瑪利亞的聖母無原罪座堂，是一座更大，裝飾更精美，有五個祭壇和可容納一千名信徒聚會的建築。

隨着時間的推移，中環威靈頓街的社區變得非常擁擠，最終被認為不適合進行宗教活動。考慮天主教徒迅速增長，高雷門主教（Bishop Raimondi）決定在堅道與忌連拿里的峽谷之間，建造一座新的教堂。全新的天主堂於 1883 年建造，由倫敦建造公司 Crawley & Company 設計，採用哥德復興式建築風格，於五年後的 1888 年，開放供禮拜聚會。天主堂雖然在 1941 年 12 月 12 日被日軍砲擊損壞，但它在日治期間仍一直使用着。戰後進行了重大的整修，包括拆除西端的鐘樓，在中央塔樓增建了燈籠形高台，並增加了新的長椅和擴大懺悔室的空間。從那時起，大教堂每兩年便進行一次大修。

這一系列天主堂彩色圖像，拍攝於 1954 年至 1955 年的冬天，正是聖母瑪利亞雕像的加冕盛典，吸引了超過三萬信徒到訪。照片可見 1921 年安裝在合唱團閣樓的管風琴，在 1950 年代仍然運作着。但也發現很多結構性的變化：盧爾德聖母（Our Lady of Lourdes）的原始石窟，已經置於東端的聖器收藏室門外；位於中央塔樓東端的精緻高壇上，出現了一座由天主教學生贈送的木雕聖母像和一座大型木製十字架；靠近主要入口的通道上，在通往閣樓的鐵製螺旋樓梯旁，放置了尖塔柱子形狀的雲石洗禮池。自 1950 年代以來，天主堂的外觀及其所處的場地，都發生了重大變化：為建設教區中心提供場地，位於忌連拿里一側漂亮的門廊，於 1965 年被拆除；圍繞大教堂的花園也被完全拆除，並澆上混凝土鋪作停車場的用途；正門上方三個圓形窗飾的聖徒浮雕已消失了。隨着中半山急速發展，大教堂宏偉的建築，已被圍繞它的高樓住宅所掩蓋。照片中展現了 1950 年代，大教堂如何聳立於宏偉的城市景觀上，它幾乎就像豎立在懸崖的旁邊。毫無疑問，聖母無原罪主教座堂至今仍是香港建築的傑作。儘管其美麗的觀景已被摩天大樓所遮擋，大教堂這一組戰後罕有的原彩色圖像，正好見證了 1950 年代香港天主教社區的不斷發展。

6.01

半山堅道 16 號天主教聖母無原罪主教座堂於 1888 年開放供禮拜，
建造成本為 15,400 美元。早期，大教堂的照片都是黑白的。這張照
片於 1950 年代在動植物公園拍攝，展示了整個大教堂及其旁邊的
花園景色，背景可見維多利亞海港。

6.02

這張 1950 年代雄偉大教堂的特寫照片，突出了其哥德復興式建築風格。屋頂在戰爭期間被日軍部分摧毀，後來於 1952 年作重大翻新中修復，並在中央塔樓上增加了尖頂陽台。

6.03

1950 年代，從己連拿利上望天主堂的景色。

6.04

1950 年代從堅道上望山頂的壯麗景色，照片
展示了建於羅便臣道的天主教物業建築。1840
年代，這些建築物曾是助理巡理廳長希利（C.
B. Hillier）和殖民地登記官羅伯特‧鄧達斯‧凱
（Robert Dundas Cay）等高官的住宅。

6.05

面向己連拿利的門廊，可見天使雕像置於拱門上方。這個門廊在1965年被拆除，為建造教區中心讓路。

6.06

從堅道走上己連拿利的通道，可見陽光普照下的天主堂正門入口。

1950 年代從天主堂外望宏偉的維多利亞海港景色。照片可見天主堂坐落於廣闊的平台上。

6.08

這張照片拍攝於 1950 年代，大教堂唱詩班閣樓
中的管風琴仍然在運作。

6.09

1950 年代，大教堂外石窟中的盧
爾德聖母像。

6.10
盧爾德石窟旁邊的石質和金屬十字
架。

6.11

1950年代，正門旁邊通道，通往風琴閣樓螺旋樓梯旁邊，置有原裝的雲石洗禮池。

6.12

位於中央塔樓內大教堂後殿的聖壇。祭壇頂部置有一尊木雕聖母雕像，背後是精心設計的巴達節勞式拱門和雲石柱。聖母像是由天主教學生贈送，一個大型木製十字架則矗立在會幕的前方。慶祝彌撒的高壇一直是整個大教堂的焦點，直到 1960 年代梵蒂岡第二屆大公會議的禮儀改革之後，將祭壇移到中央十字通道的新高台上。

第七章

山頂風光

遠在百多年前香港還是南海一隅的小島，它僅是一個荒僻的漁村，山巒起伏，人煙稀少；可是，當歷史的巨輪旋轉了一個世紀後，香港已成為遠東富麗繁榮的重要城市，並享譽着「東方之珠」的盛名，尤其它那秀麗可人的美，為世所稱頌，而香港的夜景可說是最能顯露出此美來。

當赤紅的嬌陽隱沒在西山後，天空中只有一片淡紅的彩霞，好像一位嬌羞少女的緋紅粉頰般；不久，晚霞的光輝也削減了，夜，也跟着涼風輕送而來臨了。

當萬家燈火之際，整齊清潔的街道上依然是車水馬龍，那熙來攘往的情景真的毫不遜色於白天的；燦爛奪目的霓虹燈把百貨窗櫥照射得五光十色，吸引了不少過路的行人，他們不時地舉步回顧；這是華燈初上的時份啊，也是燈紅酒綠的夜總會及各種金碧輝煌的娛樂場所最熱鬧的時光，不少對酒當歌的人士，正在漫漫長夜中盡情歡娛。這一切紙醉金迷的景象，都把香港的奢侈及繁華反映無遺了。所以，在我的想像中，香港市區的夜景，彷彿就像一個雍容華貴的少婦。

若此時處身於半山區，卻別有一番情調，夜色迷離，路旁的霧燈發出淡黃的光彩，把疏落的行人影照得蠻有趣的；山頂餐室內不時傳播出悠揚悅耳的輕音樂，更顯出半山區的幽靜典雅。此地的景色，你說像一個蓬門碧玉的少女嗎？

從半山區往下瞰時，只見一片漆黑，山下的萬家燈火，不知怎的，一點兒也看不到，但偶爾也有幾艘渡海輪在起伏的波浪上駛過，有如夜明珠在黑暗的海波上滾動着，把海面照耀得閃爍燦亮。啊！香港入夜的海景，像一個千嬌百媚的淑女嗎？

摘錄自《玫瑰崗學校校刊》一九六七至一九六八年，頁八‧F3G同學唐美萍著：〈香港之夜〉。

7.02

維多利亞港是香港的地標，遊客乘坐渡海小輪時，定必被維港兩岸的風景所吸引。照片拍攝於 1965 年 7 月 12 日，從維港拍攝港島金鐘添馬艦一帶英國海軍基地的景色，當年仍未見太多高樓大廈。

7.03

登山纜車由花園道（海拔
100 英尺）開始，迅速爬升
至海拔約 1,305 英尺的太平
山頂。它被譽為世界上最陡
峭的索道纜車，使用鋼絲繩
索來牽引。這張照片拍攝於
1961 年 3 月，可見兄弟二人
在中途的車站平台觀看陡峭
的電車軌道。

7.04

港島的登山纜車於十九世紀末年建造,為山上的洋人而設。到了戰後五十年代,已是訪港旅客必乘的特色交通工具。照片中快到山頂站前的纜車卡,正慢慢地前進。

7.06

這張拍攝於 1950 年代的照片。是從山頂向東望
鯉魚門口,景色是橫跨在 1920 年代灣仔填海工
程的優美景觀,到達銅鑼灣新填海一帶、右上方
可見已剷除了的摩理臣山和跑馬地馬場。

7.07

1963 年 9 月，在摩理臣山最後鏟平的新發展
時，面向灣仔和銅鑼灣的鳥瞰圖。在海港的另一
邊，可以看到九龍半島和啟德機場跑道。

7.08

大地在我腳下。1966年12月，從太平山頂望下，維多利亞港何等
美麗壯觀！不愧為外國人眼中的「東方之珠」，有些中國人眼中稱為
「天堂」。從山頂纜車總站的觀景台高處俯瞰，可見整個九龍半島、
維港及分隔新界山脊的全景。

7.09

1969 年，一位藝術家正在山頂涼亭的台階上作
畫，展出他的作品供遊客選購。

7.10

山頂店舖。為遊客而設的商店自戰後一直是山頂
的一大特色。1966 年 12 月山頂的商店，出售
的物品都是各式照相菲林、明信片、糖果、香煙
和各種本地製造的紀念品。

7.11

富在山中有遠親。看見這幀美麗的住宅圖片，誰人相信香港居住的問題於 1950 至 1960 年代是多麼的嚴重！到訪香港的旅客，特別跑到港島的山頂區探親，照片拍攝於 1964 年 11 月，位於山頂的愛丁堡桂盧（Edinburgh Villa）的門外，這些別墅型房屋，多是外籍人士居住。

7.12

從山頂往南區走，便可到淺水灣。圖片拍攝於 1950 代淺水灣酒店對出的余園（Eucliffe），是余仁生家族的堡壘設計度假別墅，依山而建，佔地 105,007 平方呎，建於 1927 年，四年後落成，外觀十分有氣派。

7.13
拍攝於 1960 年代山頂老襯亭，遠望銅鑼灣避
風塘景色。

7.14

東方之珠：1960 年代的維港夜景，正浮現出藝術家無法描繪的仙境。這樣的景色，當遊客回到家鄉後，會一直縈繞在他們的腦海中。這張長時間曝光的照片，維多利亞港是黑暗而神秘的，在九龍那邊的燈光，正被黑暗所統治着。在港島這邊，城市中點綴着的燈光，正閃閃發亮，帶給活力和希望。來回穿梭的渡輪，發出微弱的燈光，正好劃破了海港的漆黑，連接起兩岸的生命。

第八章

舢舨與漁村

文：〈漁港風光──香港仔〉。

節錄自《良友》畫報，第九期，一九五六年十月，頁二六至二七，野鶴撰

Sampan and Fishing Village

在香港，問起鴨巴甸（Aberdeen）這個地方，也許有許多人回答不曉得；如果說「香港仔」，他們便立刻認識是個當地著名的漁港，跟着，味覺會喚起了他們的意識：到香港仔吃生猛的海鮮去！

香港仔在香港之南，由市中心區乘汽車西行，繞過太平山嘴，不費二十分鐘，便可到達。筲箕灣和香港仔，本是香港島上一東一西的兩個漁區，不過筲箕灣漁區，因為地勢、交通種種的關係，比不上香港仔便利，遊客們便多向香港仔去，造成香港仔近年倍加繁榮起來。岸上，現代化的馬路和洋房，迅速加工建設；而海面，舊式的漁艇，依然保留着濃厚的古典色彩，恰成強烈的對照。

可是，凡是到香港仔來的遊客，不論中外人士，都寧可不踏上水門汀造的樓房，也要俯身佝僂，甘願屈駕於舊式的小艇裏。一葉輕舟，在海面搖搖盪盪，好領略這漁港的風光。

時逢週末或是假期，如其是你嫌車行震盪，登山跋涉，那麼不妨到這漁港消遣一番。書中刊出的照片，介紹你先見到香港仔的全景，和香港仔種種風光了；你該再領會領會它的風情。

夕陽西照的時分，遊客一批批抵達這漁港來了。一灣堤岸，年青的艇娘，簇擁着她們的貴賓，嬌滴滴地在呼喚：「遊河呀！先生！到我的艇上來呀！」也許她們向你頻拋媚眼，親切地拉着你的衣袖，捨不得放手咧！這，可教人憶像起白雲珠海，堤邊風月，彷彿回到她的懷抱裏！

於是，你帶同快慰的一顆心，輕輕兒踏上小艇。艇娘扛起竹篙，只消一點，兩點，小艇便把你載向海心。她改拉着船櫓，邊搖邊問：要到哪裏去？

如果你要釣魚，便到鴨巴甸海峽，磚山西麓，海灘上滿是石頭，正好讓你坐下垂釣。你嫌釣到的魚太小，你便得掉遠一點，到南丫島附近去，那裏幾斤重的石斑、立魚，隨時會上釣的，只要你的釣術高明。

如果你喜歡游泳，布廠灣正是個好去處。否則你跟你的伴侶兒，斜憑在艇子裏，任由艇娘把艇兒在海面遊來遊去，山光水色，也可教你心曠神怡，不知金烏之西墜。

但，這樣的遊程，是必然未能使遊客滿足的，猶如身入寶山空手回，豈不虛負此遊？因為你還不曾把握着香港仔最突出的地方，既領略過它的風光和風情，還未嚐過它的風味！這裏俗語有說：到香港仔而不吃海鮮，不算到過。「好生猛的海鮮哪！」這時，漁家會聲聲提醒你，只消你略一點頭，她們便會把你送到海鮮舫上來。

這海鮮舫，總算是香港仔特有的產物，港九別處所無的。一條平潤的木船，裝成酒樓的廳堂形式，浮在水面。你憑欄賞玩，恍如置身水榭；而它唯一不同，是標榜一個「鮮」字。當你成為鮮舫上的嘉賓之後，各種各類最新鮮的魚，最新鮮的蝦，任從尊意選用，保證每尾魚能游，每隻蝦能跳，確夠生猛；大大小小，論斤論兩，計算價值，也任從尊意。菜式點過，如你不耐枯候食神，湊足四人之數，也可以輕鬆地先來幾圈麻將。這是餘興，不算是賭啊！

嚐過生猛的魚蝦，新鮮的風味如何？請君自行領略，這裏恕不奉告了。請約好四位良友，準備化一百元港幣，到香港仔去罷，準教你們排出豐富的節目，渡過一天半天愉快的假期。

雲海的風光，流水的風情，鮮魚的風味，加上你的伴侶兒的風趣，正好完成四美具備的漁港遊踪。

8.01

搖搖盪盪。拍攝於1950 年代的香港仔漁港內，年青的艇娘拉着船櫓，邊搖邊問：「先生，要到哪裏去？」

8.02

拍攝於 1967 年 11 月日落時分的維港避風塘，
水上人家的小孩深諳水性，哪怕人間煩惱事，無
拘無束的在舢舨上嬉戲競賽。他們在夕照下的輪
廓，與穿梭的渡輪聯成一幅美麗的畫像。

8.03

1964 年 11 月，一艘漁船正在維多利亞港內伸
出魚網，在航行中捕魚。

8.04

有什麼好看呢？1950 至 1960 年代是戰後嬰兒出生的繁盛時期，每個家庭等閒有五六名以上的兒童。而香港的特色是大哥或大姐擔當照顧弟妹的角色。1966 年 5 月 15 日的照片中，水上人家的十歲多大姐，雙手搖動着船櫓，但仍照顧着一群比她小的弟妹。

8.06

奮勇向前。拍攝於 1967 年 11 月。艇上的漁民
少年男女，每個人都體形結實，意志堅強，不怕
風浪，為着生計奮勇向前。

8.05

到了 1950 年代，香港的捕魚業已屬非常艱苦經
營的行業。不少從事捕魚的艇戶，早已登岸工作
了。像拍攝於 1969 年 9 月照片中結網捕魚的
漁民情景，已日益少見。

8.07

運載物資一直是水上人的主要收入來源。照片攝
於 1962 年 6 月，照片中舢舨盛載煤炭的水運
情景，已不復見。

8.08

滿載而歸。拍攝於 1960 年 10 月維港內的碼頭
情景，可見來自廣州的帆船，滿載泥造瓦煲，正
是利用內河航道，運抵香港出售。

8.09

運載巨型機器和貨品，只能依賴漁船。拍攝於
1950 年代的照片中，可見在寒冬下的艇家，正
準備下載大型木箱。在韓戰期間，中美禁運，香
港的漁船也積極從事走私物資到內陸的活動，賺
取了大量金錢。

8.10

初到貴境。提供船上的補給，一直是香港開埠前後的主要海上業務，也是漁民一直依賴的重要收入。照片攝於 1960 年 9 月，來自英國的客輪到達維港後，一眾艇戶立即靠近，大做他們的買賣。

8.11

水上爭雄。拍攝於 1950 年代的維港水域，兩艘出售紀念品的小艇，正爭相向停泊於港灣內的大輪船叫賣。初到維港的旅客，都被這些漁民的活動所吸引，從郵輪俯瞰，並拍下艇家努力叫賣的情景。

8.12

1962 年香港仔南口海灣景色，當年的鴨脷洲仍未建發電廠，保留香港舊漁村的情景，海邊翠綠的山丘，便是今天的海怡半島。

8.13

1967年進入香港仔的南口海灣，可見鴨脷洲半島已被鏟平山頭，準
備興建發電廠。在山腰近海邊，清除了短樹林後，露出了戰時英軍
建立的碉堡和上面的炮台。這個發現，沒有記錄在香港海防軍事資
料檔案中。

8.14

漁村一隅。香港仔避風塘不單是漁民避風之所，也是香港 1960 年代有名的旅遊景點，照片拍攝於 1960 年 9 月夏天香港仔對出西口的水上漁港景色。

8.15

海鮮舫是香港仔熱門的旅遊景點。太白海鮮舫是 1950 年代最大的
水上流動餐廳。它最初是由一艘簡單的兩層木製登陸艇改裝為餐
廳,沒有特殊裝飾。直到 1952 年,才專門建造了相片中 105 英呎
長新的太白舫。

8.16

海上餐廳早在 1920 年就開始出現於香港仔，戰後又開設了更多水上餐廳。這張拍攝於 1950 年代的照片，顯示了香港仔避風塘內殘破的海鮮舫「三益包辦宴席」，背景在岸邊陸上的廟宇，是舊香港仔天后宮。

8.17

香港仔避風塘長期以來一直是重要的旅遊景點，漁民一直保留了許多漁村社區的特徵。1958 年，香港仔出現了新建三層高，宮廷式精緻建設的「太白」和「海上皇宮」兩家大型水上餐廳。後者更是以太白海鮮舫為競爭對象而建造，吸引了更多喜歡品嘗新鮮海產的遊客。

1960 年代，一名美國水兵跑到香港仔太白海鮮舫，尋找他的龍蝦作午餐。

8.19

1950 年代的香港仔漁村堤岸邊，一名衣着光鮮
的女士，正被一群當地兒童在太白海鮮舫登船入
口處圍繞着。左邊的一名洋人女遊客，也有相同
遭遇。

8.20

香港仔大街多年來是漁民和客家農民聚居之地，拍攝於 1950 年代的香港仔大道，舊式唐樓林立，樓下的店舖，可見位於 138 號的成昌金舖、134 號的安祥酒莊和 64 號的利安大押。

8.21

拍攝於 1965 年 1 月在香港仔避風塘內的情
景，不少漁船上都掛滿着正在生曬的漁獲。

8.22

在筲箕灣、長洲、大埔、西貢、大澳、塔門各漁灣或避風港，沒有出海的漁民，不少將船艇長久停泊於避風塘內。許多已成破舟擱於岸邊，這就是他們的家了，起居生活於艇上，環境非常惡劣，也是藏污納垢所在。照片拍攝於 1955 年香港仔的深灣，當時深灣仍未改建成遊艇會。

8.23

1950 年代香港仔漁船邊，三名漁民的小孩不怕
危險，站在船邊，緊握欄杆，正望向水中的情
景，各抒己見。

1950 年代的香港仔堤岸，太白海鮮舫正停靠旁邊，遠望對岸鴨脷洲一帶。

8.25

1950 年代，香港仔避風塘正進行端午節龍舟競渡，健兒們努力地爭先恐後揮動手上的船槳。

8.26

守護鹹魚。香港各個漁村都從事生曬鹹魚的輔業。這個行業在香港開埠前後一直是本地漁民的主要收入來源。早年不少港產鹹魚出口到內地，廣州地區亦常見來港採購魚類產品的活動。拍攝於 1963 年 12 月的照片中，新界大埔一帶漁村的兒童，也負起看守着他家業（李洪記）特製的「藏鹽鹹魚」。

8.27

1950 年代在大埔吐露港一處小型公眾碼頭，不少舢舨船靠岸停泊。

8.28
水色如黛，江岸覆影。長洲島南部的岸邊，漁民於
日落淺灘水退前，築起漁網，等待小魚游入網內。
港澳漁民這種捕魚方法，只能在此張拍攝於 1950
年代的照片重溫。

在二次世界大戰中，澳門有如北非的卡薩布蘭卡（Casablanca），幸免災刼，而且它又為世人說成是東方蒙地卡羅（Monte Carlo），引起人們的興趣，悠然嚮往。

然而澳門所具有吸引遊客的價值者，實因它具近代大都市之設備，又有南歐及中國市鎮之匀合風格，有天然名勝古蹟，山水幽雅，風景宜人，所以便成為港人假期週末百遊不厭之地。即如歐美來港的遊客，也多喜歡順道到澳門瀏覽去。

澳門最古之名勝有媽祖閣和普濟禪院，早在葡萄牙人來澳之前，媽祖廟經已存在，祀奉天后，為當地人最信仰的神廟，香火頗盛。共有四百餘年之歷史了。

普濟禪院俗稱觀音堂，據傳建自明天啟七年，距今有三百多年了；在此期間歷經數十次重修，故此氣象莊麗，院傍有石枱石櫈，乃當日清朝與葡簽望廈條約的地方，至 1844 年 6 月 3 日，中國與美初次通商，亦假此處舉行簽約儀式。此一百多年的遺跡，留給後人考證。

至於大三巴牌坊，則為葡人所建之教堂殘跡（編者按：實情是聖保祿學院的遺跡，為中國首間大學），也即昔日聖保祿教堂之前門殘壁，建於 1637 年，為外人在國境首建教堂之一，迨 1835 年，遭受火刼，僅存遺垣，乃成現狀，

其他葡人銅像多尊，為紀念葡人武功。此外復有一葡詩人金模安氏，隱居澳門以終生，甚得世人景仰，後人為其立像憑弔焉。

澳門並不是十分現代化的都市，摩天大樓沒有幾座，工業也不很發達；雖然居民的生活水平比香港低得多，尤其是房租廉宜，但因為這裏的生產價值低；人口一直停留在二十五萬之間，不會增加。雖然它有美麗的風景，有低廉的生活消費，然而也不能叫人安居。

節錄自《良友》畫報，第四十期，一九五九年十二月「澳門近貌」，頁八至九；第四十一期，一九六〇年一月，頁十八至十九。

歡迎抵達東方蒙地卡羅。從香港到達澳門，最快
是乘坐水翼船。1969 年 5 月，一名洋婦正步出
澳門的水翼船碼頭，開始她的澳門之旅。

9.02

在澳門內港微黃的海水上，可以清楚觀望到山頂
上的主教府，從那裏可以俯瞰整個城市的全景。
這張拍攝於 1950 年代的照片，顯示了澳門這一
帶地區仍缺乏發展，舊的摩爾氏軍營（Moorish
Barracks）隱藏在港口旁的長型倉庫後面，堤岸
邊泊了不少舢舨船隻。

9.03

炮王廣興泰。1950 年代,炮仗是澳門主要工業之一。照片中可見廣興泰炮行位於岸邊碼頭的辦事處,在澳門製造的炮仗,均以出口為主。

9.04 & 9.05

繁忙的 12 號碼頭。分別拍攝於 1950 年代和 1964 年 11 月，澳門 12 號外航碼頭，航線是從澳門航行到汕頭，照片可見碼頭外繁忙的景象。從 1950 年代的照片中，可以看到上百名乘客，正擠擁在碼頭外的通道，準備登上前往汕頭的輪船。香港往返澳門和廣東商埠的渡輪服務，在香港開埠不久後，已有不少洋人參與。

9.06

舊的澳門勞工大廈。
1950 年代，位於火船
頭街路旁的澳門勞工總
會大廈，樓頂插上中華
民國國旗，在屋頂飄揚。

9.07

永遠的大三巴。大三巴
牌坊的遺址，是澳門地
標建築物，建於 1583
年，也是中國境內首間
宗教大學——聖保祿學
院的遺址。1835 年的
大火燒毀後，只殘留一
面牆壁，是到澳門遊覽
必到之處。照片拍攝於
1960 年 9 月，若不是
相中的背景和婦孺的衣
着，也看不出是 1960
年代拍攝的早期彩照。

9.08

澳門另一處具有歷史意義的建築，是建於 1627 年的觀音廟。1844年 7 月 3 日，美國特使顧盛（Caleb Cushing）和兩廣總督耆英於此處簽署《望廈條約》。照片展示了 1960 年相當破舊的寺廟內部。

9.09

媽祖閣 —— 澳門名稱之源。澳門最古老的廟宇媽祖閣廟。照片拍攝於 1957 年，正值天后寶誕時期，廟外掛上大型牌匾，與停泊在旁來往關閘的 5 號巴士和人力車，組成一幅有趣的景象。

9.10

清幽古剎。1957 年，日落西山，黃昏景色
下的媽祖閣廟門外，有點幽涼的感覺。

9.11

這張 1950 年代拍攝的照片，展示了南灣大馬路（Rua de Praia Grande）的拐角處和通往卑第巷（Travessa do Padre Narciso）的小路，高牆後面是澳督府大樓的花園。在卑第巷的盡頭，可以看到聖老楞佐堂（Igreja de São Lourenço）的塔樓。

9.12

愁煞的古砲台。1964 年 11 月秋，日落前澳門
大砲台（Fortaleza do Monte）上的古砲景象。
搖搖欲墜的大砲台靠近聖保祿大三巴遺址，一直
是最受歡迎的旅遊地標。它在 1990 年代作大型
修復。背景可見東望洋燈塔。

9.13

1950 年代從西望洋山（Penha Hill）俯瞰澳門市中心，加思欄花園（Jardim de Sao Francisco，又名南灣花園），位於綠樹成蔭的海灣盡頭。沿着山坡可以看到許多葡萄牙風格殖民時期的建築和教堂。

9.14

澳督府。拍攝於 1964 年 11 月的澳門南灣，是
葡國管治時的軍政重要地區，照片正中的總督府
署，屬葡式建築，紅牆白壁，位處於翠綠的南灣
景色，風格獨特。

9.15

1950 年代，沿着堤岸大道步行至澳門半島頂端
的南灣，對許多遊客來説是一種悠閒的體驗。

9.16

濠江風情，遠望祖國。1950 年代，遠眺日落前
澳門的灣仔和中國拱北地區的景色。雖然是一水
之隔，澳門的發展一直與祖國相連。

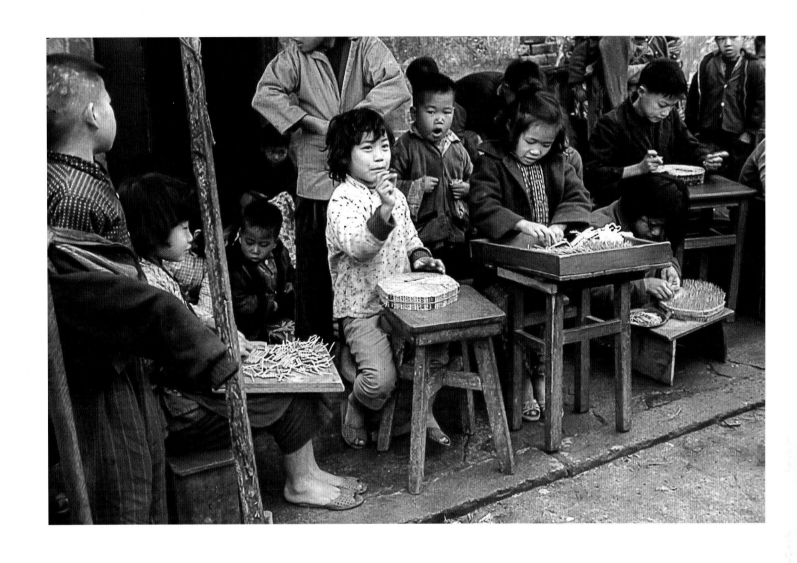

9.17

快樂無憂。拍攝於 1963 年，一眾澳門小孩正在
路旁製造小炮仗。不知危險，自得其樂。

9.18

澳門市內小巷仍用石塊砌成之路面，別具特色。1960 年 9 月路過沙
蘭仔街口，見地攤的小販，分別出售鉛筆和水果。

9.19
拍攝於 1950 年代，澳門街辦館士多
晚上的燈飾。

9.20

「瓶瓶如珠玉，滴滴是甘泉。」由大三巴街一直走，便到花王堂街的盡
頭，再轉入沙蘭仔街（即現在的沙欄仔街）。照片拍攝於 1960 年 9 月，
街道轉角處的牆上有大型玉泉汽水廣告，十分奪目。玉泉汽水，於香港
觀塘新廠製造，出口到澳門銷售。

瓶瓶如珠玉，滴滴是甘泉

—— 六十年代之玉泉飲品

節錄自《良友》畫報，1962 年 6 月 2 日，第 77 期，潘福來著：〈各種玉泉飲品的製成〉，頁 7-8，經本書編者作少許內文修正。

汽水是夏天最佳的飲料，飲良好的汽水不但可解渴消暑，且可幫助消化增加食慾，喜渴酒的人可以調酒作飲料，炎暑季節用作混和雪糕，有無上的滋味，夏季的來臨，汽水更是大眾的良友。從六十年代澳門街的牆壁上，看到了「玉泉汽水」鮮豔的大型廣告，可見當年汽水飲品，是處於亞熱帶的香港和澳門居民最喜愛的飲料。其中比稱霸美國的「可口可樂」更早出現於汽水市場的，正是「玉泉汽水」。為了明瞭汽水製造過程起見，特別選文節錄《良友》雜誌記者潘福來於 1962 年走訪當年已享譽了 160 多年的「玉泉飲料有限公司」（Schweppes Mineral Waters），並由當時該公司總經理利榮達先生引導參觀的製造過程。

玉泉汽水是由瑞士科學家尼哥拉斯·保羅（Nicholas Paul）發明二氧化碳所帶出的產品，經年輕的瑞士鐘錶工藝師和業餘化學師積及·施維普（Jacob Schweppe）於 1783 年以經濟的方法製造含二氧化碳（即香港人指「有氣」）的礦泉水，備受士紳歡迎，也是醫生廣泛用作治療消化不良和痛風病症的飲料，同年於維也納成立「玉泉」公司（Schweppes）。玉泉總廠於 1794 年向海外發展市場，先在英、法、美、非洲、意大利、新加坡大規模設廠，其後分二十處不同地區拓展，迄今已風行全世界。1836 年英國皇室指定玉泉汽水為最佳飲料，玉泉汽水在香港 1957 年設立，廠房在鰂魚涌，佔地四萬呎，新廠在官塘現仍興建中，約明年建成，該廠出品種類分大細瓶，如梳打（soda water）、湯力（tonic water）[i]、乾羌（dry ginger ale）、檸檬（lemonade）[ii]、羌啤（ginger beer）、橙汁（orangeade）、忌廉梳打（cream soda），最近新面世之柑檸（bitter lemon），此種柑檸水在美國最流行，該廠出品各種汽水每日達三十萬支，視乎市面的需求可增加產量。該廠出品的飲料汽水，除了由六十輛汽水車隊供應香港、九龍和新界地區外，不少產品是經船運到遠東地區，如台灣、澳門、韓國、婆羅乃和菲律賓。

---

i 湯力水（tonic water）是玉泉飲品最有名氣的產品，於 1870 年代首次推出市場。玉泉於「有氣」飲品的成功，公司於 1897 年上市，為擴展國際市場集資。

ii 檸檬水（lemonade）是玉泉早期開發「有氣」的暢銷飲料，於 1831 年推出，也是引導玉泉開發其他「有氣」飲品的方向。

該廠製造汽水過程，絕不假人手，利用電動最新機械化設備，如壓水機、消毒機、隔糖機，全部不銹鋼之配料室及試份量等，該廠建設新廠之前投資十五萬美元，添置二氧化碳生產設備，因二氧化碳是汽水主要原料之一，及最新購置全港最巨型四十頭汽水機，另舊式機兩部，新式機尾部先將汽水瓶自動經過洗滌殺菌，消毒在機內停留約十五分鐘，然後將空瓶源源運至機前入水，自動混合原料，打汽、壓力、上蓋，全部自動化，該廠聘有化學師三名，對質量維持一致標準，汽水是絕對消毒，不但購置值八萬美元的消毒水機，且利用化學把水中的微生物、有機體、礦物質加以氯氣，再沉澱、經沙漏、二氧化碳、將氯氣隔清，汽水要加二氧化碳，能加汽和殺菌，同時可助消化，然後配原料，糖、梳打等全部自動輸入汽水機，自動上水，自動混合打氣，上蓋，所以絕對衛生消毒，醫院准許病人飲用，所以玉泉汽水是受大眾所歡迎，產量每年遞增至六千萬支。

該廠總經理利榮達乃太平紳士利銘澤之第七介弟，現年三十三歲，早年在美國波士頓大學工商管理系畢業，利君可稱學以致用，對廠務管理一切有條不紊，且不斷鑽研歐美汽水業，對品質不斷提高外，並不斷添置新式機械，務求精益求精，行見新廠落成日，對香港汽水業，必有一番新面目。

9.21

憑欄眺望。1960 年 9
月，路過葡式的住宅，
屋內的小孩，有趣地與
旅客相互觀望。

9.22

香噴噴的牛雜。1960
年 9 月，行經澳門的內
街，被香噴噴的牛雜氣
味吸引着，喜見路邊售
賣熟食的小販。

9.23

其門如市。1957 年 2 月 5 日,路過澳門內街的糧油辦館誠昌利,街坊流連門外選購糧食,與老婦人和幼童於唐樓樓梯下徘徊的情景,交織成一張有動態和富生命力的舊照。

9.24

迎接艷舞來臨的年代。澳門於 1961
年將賭博合法化，踏入 1970 年，新
建了葡京酒店和賭場，澳門純樸的民
風已慢慢一去不返。到了 1970 年代
中期，來自法國巴黎的艷舞團，開始
在澳門演出。照片中準備出場的艷舞
女郎，都是色藝俱全的美女。

9.25

姿彩繽紛的澳門。法式的舞蹈表演，
原先是在伯多祿五世劇院演出，
1976 年起，便移師葡京酒店蒙娜麗
莎殿演出。隨着有了艷舞團的演出，
到澳門旅遊的目的，已不再是單純的
民風名勝遊覽。照片中的法國艷舞
團，正踏上舞台演出。

結語

近年手機使用非常普遍，不少網主或團體將香港的舊照片上載網上，與市民大眾分享香港舊日的景色和圖像。這種免費獲取的資訊和影像，間接令不少讀者放棄購買書籍或圖冊的念頭，形成惡性循環，使出版社在這方面的業務亦慢慢下跌。

得到香港中華書局編輯們和製作部同事的鼓勵和努力，《黑白以外·繽紛歲月》才能順利作了增訂，並成功以全新面目再版。我非常感謝讀者們一直以來的支持，使收藏多年的彩色正片和黑白照片都能鐫印面世。回顧這幾年來，我將收藏的舊照片作篩選，並出版相關主題的圖冊，目的是與讀者分享香港百年的影像，在出版期間，經歷不少學習和對圖像歷史的鑽研，其中不足和錯漏之處仍有不少，深感學養不足，仍需努力改善。

製作這部增訂本圖冊期間，與出版社的總編輯侯明女士討論出版業的情況，她指出書籍出版的市場雖然慢慢萎縮，但出版社仍堅持製作優質精良、資料豐富和有趣味性的歷史文化書籍，並提及我編輯多部精美的歷史圖片冊，每一張照片都是經過精挑細選，從上千張的舊照片中，選出重要和具有歷史意義的圖像刊出。與網上沒有解讀的大量舊影像情況比較，圖冊內每一張舊照片，都有詳盡的歷史背景描述，彰顯了圖冊自身的歷史意義，可作長期收藏和參考之用。聽到侯總這一番鼓勵說話，頓感多年來在這方面的努力沒有白費。

作為收藏家，因為經年收藏和研讀香港的舊照片，已感覺現存的舊照片，已甚少出現罕見的圖像，至於彩色的影像，更因為戰後才出現於香港，拍攝者主要是訪港旅客的觀光記錄，所以出現的景象，大多是香港的繁華都市或旅遊景點。至於新界、離島、非旅遊景點和人物的圖像，若不是專業攝影師或記者的拍攝記錄，現存的舊照片內容也十分相近似。有鑒於此，我決定不再出版與香港有關的舊圖片冊，並以這一部《黑白以外·繽紛歲月》作為完結篇。

話雖如此，本人亦收藏了大量內地自清代以來，不少上海、北京、天津、東北、漢口、廣東等地的珍貴黑白照片，也收藏了幾千張世界各地上世紀四十至六十年代的彩色幻燈正片，舊世界的彩色照片內容包羅萬有，十分精彩。但鑒於香港的市場狹窄，手上研讀世界各地戰後情景的歷史資料不足，在沒有足夠的資源下，能將這些珍罕的歷史圖片刊印的機會，在近期內都未能實現。萬望香港和內地的讀者能有更強烈的整體國家觀念和廣闊的國際視野，不只局限於香港本地的歷史文化，張開更大的眼界和視野，使這些精美的歷史圖像能有面世的一天。特此，再次感謝各位讀者一直的支持。

日月如梭，萬象更新！後會有期。

林準祥
草於 2022 年春節日

黑白以外・繽紛歲月
Beyond Black & White ·
Old Hong Kong in Colour

林準祥　編著
Otto C. C. Lam

照片來源
林準祥藏香港彩色幻燈膠片。

照片版權
書內刊登的照片全屬編者的個人收藏，也是照片影像版權的持有人，若未得到編者本人的書面授權和同意，不能轉載、複印或作任何用途。

責任編輯　黎耀強
裝幀設計　簡雋盈
排　　版　簡雋盈
印　　務　劉漢舉

出版
中華書局（香港）有限公司
香港北角英皇道四九九號北角工業大廈一樓 B
電話：（852）2137 2338
傳真：（852）2713 8202
電子郵件：info@chunghwabook.com.hk
網址：http://www.chunghwabook.com.hk

發行
香港聯合書刊物流有限公司
香港新界荃灣德士古道 220-248 號
荃灣工業中心 16 樓
電話：（852）2150 2100
傳真：（852）2407 3062
電子郵件：info@suplogistics.com.hk

印刷
美雅印刷製本有限公司
香港觀塘榮業街六號海濱工業大廈四樓 A 室

版次
2022 年 5 月初版
©2022 中華書局（香港）有限公司

規格
12 開（240mm×226mm）

ISBN
978-988-8760-80-8